Pia und Pit Becker • Illustrationen von Kristin Labuch

Happa, Happa!

Kochen für Babys und Kleinkinder

Hölker Verlag

Inhaltsverzeichnis

Das Wichtigste zuerst

- 8 Für alle Rezepte in diesem Buch gilt
- 9 Basiswissen zur Säuglingsernährung
- 12 Die Ausrüstung
- 14 Garmethoden
- 15 Grundregeln zur Fütterung der zahnlosen Raubtiere
- 17 Fleischmuffel, aufgepasst!
- 17 Lirum, larum, Löffelstiel – vom Selberessen
- 19 Ernährung von Kleinkindern ab 2 Jahren
- 20 Bloß nicht!
- 22 Auf einen Blick – Was Baby wann essen darf
- 23 Vorsicht, Allergien!
- 24 Ernährungsplan im 1. Lebensjahr
- 26 Vorsicht bei Nitrat!
- 27 Saisontabelle für Gemüse

Der erste Brei: Gemüse- und Fruchtpürees

- 28 Möhrenpüree (ab 6. Monat)
- 28 Kürbispüree (ab 6. Monat)
- 29 Pastinakenpüree (ab 6. Monat)
- 29 Zucchinipüree (ab 7. Monat)
- 29 Kartoffelbrei (ab 6. Monat)
- 30 Möhrenpüree mit Petersilienwurzel (ab 7. Monat)
- 30 Blumenkohlpüree (ab 8. Monat)
- 31 Brokkolipüree (ab 8. Monat)
- 31 Kohlrabipüree (ab 9. Monat)
- 32 Fenchelpüree (ab 9. Monat)
- 32 Blattspinat mit Kartoffelbrei (ab 10. Monat)

Inhaltsverzeichnis 3

33 Mischgemüse mit Kräutern (ab 11. Monat)
34 Bananenmus (ab 6. Monat)
34 Apfel- oder Birnenmus (gedünstet ab 6. Monat)
35 Aprikosenmus (gedünstet ab 8. Monat)
35 Geriebener Apfel (roh ab 12. Monat)

Reis- und Getreidebrei für Winzlinge und Krabbler

36 Reisflockenbrei mit Bananenmus (ab 6. Monat)
37 Zwieback mit Apfelmus (ab 7. Monat)
37 Schmelzflockenbrei mit Birnenmus (ab 7. Monat)
38 Adaptierter (hypoallergener) Milch-Getreidebrei (ab 8. Monat)
38 Milchfreier Grießbrei (ab 9. Monat)
39 Vollmilch-Getreidebrei (ab 10. Monat)
39 Grießbrei mit Vollmilch (ab 10. Monat)
40 Vollkornreisbrei (süß) (ab 12. Monat)
40 Vollkornreisbrei (würzig) (ab 13. Monat)

Beruhigungstees – Heilnahrung – Diätrezepte

41 Babytee bei Blähungen (bei Verträglichkeit ab 6. Monat)
41 Durchfalltee (ab 12. Monat,
    nach Absprache mit dem Kinderarzt!)
42 Beruhigungstee (ab 12. Monat,
    nach Absprache mit dem Kinderarzt!)
    Heilnahrung bei Durchfall
42 Möhrenmus (ab 6. Monat,
    nach Absprache mit dem Kinderarzt!)
43 Apfelsuppe (ab 12. Monat,
    nach Absprache mit dem Kinderarzt!)
43 Papayamus (ab 18. Monat,
    nach Absprache mit dem Kinderarzt!)

Heilnahrung bei Verstopfung

44 Apfelmus (gedünstet ab 6. Monat,
nach Absprache mit dem Kinderarzt!)
44 Pflaumenmus (ab 12. Monat,
nach Absprache mit dem Kinderarzt!)
45 Ananasmus (ab 18. Monat,
nach Absprache mit dem Kinderarzt!)
45 Backpflaumenmus (ab 2 Jahre,
nach Absprache mit dem Kinderarzt!)

Babys Feinschmeckermenüs

46 Blumenkohl mit Putenfleisch und Kartoffelbrei (ab 11. Monat)
46 Schwarzwurzeln mit Kartoffeln (ab 11. Monat)
47 Vollkornnudeln mit Möhren und Rindfleisch (ab 13. Monat)
48 Brokkoli-Nudeln (ab 13. Monat)
48 Spinat mit Kartoffeln und Rührei (ab 13. Monat)
49 Baby-Bratkartoffeln (ab 13. Monat)
50 Baby-Pfannkuchen (ab 13. Monat)
50 Milchreis mit Apfel und Zimt (ab 13. Monat)
51 Risotto mit Spargel (ab 15. Monat)

Leckeres mit Biss: ab 18 Monate

52 Gefüllte Kartoffeln (ab 18. Monat)
53 Putenstreifen gebraten (ab 18. Monat)
53 Hackfleischbällchen (ab 18. Monat)
54 Käsespätzle mit Schalotten (ab 18. Monat)
54 Nudeln mit Tomatensauce (ab 18. Monat)
55 Schinkennudeln mit Ei (ab 18. Monat)
56 Kartoffel-Tomaten-Gemüse (ab 18. Monat)

Da haben wir den Salat!

57 Gurkensalat mit Joghurt und Dill (ab 18. Monat)
58 Möhrensalat mit Apfel (ab 18. Monat)
59 Feldsalat mit Apfel (ab 2 Jahren)
59 Feldsalat mit Ei (ab 2 Jahren)
60 Eisbergsalat mit Käsecroûtons (ab 2 Jahren)
60 Römersalat mit Dill und Fenchel (ab 2 Jahren)
61 Schneller Gurkensalat (ab 2 Jahren)
62 Tomatensalat (ab 2 Jahren)
63 Mozzarella-Salat (ab 2 Jahren)
63 Kartoffelsalat (ab 18. Monat)
64 Nudelsalat (ab 2 Jahren)

Lecker-Schmecker-Hosenbäcker!

65 Gurkenschiffchen mit Kartoffelpüree (ab 2 Jahren)
66 Gurkenschiffchen mit Selleriepüree (ab 2 Jahren)
67 Gefüllter Fenchel (ab 2 Jahren)
68 Gefüllte Zucchini (ab 2 Jahren)
69 Kartoffel-Gemüse-Pfanne mit Curry (ab 2 Jahren)
70 Grünkernbratlinge (ab 2 Jahren)
71 Tofuschnitzel (ab 2 Jahren)
71 Brokkoli asiatisch (ab 2 Jahren)
72 Bohnen-Kartoffel-Eintopf (ab 2 Jahren)
72 Linseneintopf (ab 2 Jahren)

73 Putenschnitzel mit Kräutersauce (ab 2 Jahren)
74 Salbeischnitzel mit Apfel (ab 2 Jahren)
75 Hühnerbrust mit Paprika-Tomaten-Gemüse und Reis (ab 2 Jahren)
76 Zitronenhähnchen mit Möhren (ab 2 Jahren)
77 Seelachsfilet mit Zucchini (ab 2 Jahren)
78 Scholle mit Zuckerschoten (ab 2 Jahren)

Früüühstück gibt's!

79 Müsli (ab 12. Monat)
79 Fruchtjoghurt (ab 18. Monat)
80 Frischer Obstteller (ab 2 Jahren)
80 Armer Ritter (ab 2 Jahren)
81 Käsetoast (ab 2 Jahren)
81 Rührei mit Tomaten (ab 2 Jahren)
Gesunde Brotaufstriche
82 Frühstücksquark (ab 18. Monat)
82 Bananenquarkcreme (ab 18. Monat)

Pfannkuchenschlacht!

83 Pfannkuchen (Grundrezept)
83 Käsefüllung (ab 2 Jahren)
84 Pilzfüllung (ab 2 Jahren)
84 Rhabarberfüllung (ab 2 Jahren)
85 Pfannkuchen mit Apfelmus (ab 2 Jahren)
85 Pfannkuchen mit Zimtäpfeln (ab 2 Jahren)
86 Buchweizenpfannkuchen (ab 2 Jahren)
87 Crêpes (ab 2 Jahren)
87 Crêpes mit Erdbeermus (ab 2 Jahren)

Inhaltsverzeichnis 7

Nudeln mit Sauce

88 Spätzle mit Zucchini-Tomaten-Gemüse (ab 2 Jahren)
89 Nudeln mit Erbsen-Champignon-Rahmsauce (ab 2 Jahren)
90 Bandnudeln mit Tomaten-Hackfleisch-Sauce (ab 2 Jahren)
90 Nudeln mit Schinken und Ei (ab 2 Jahren)
91 Nudeln mit Blumenkohl-Käsesauce (ab 2 Jahren)
92 Nudeln mit Fenchel und Tomaten (ab 2 Jahren)
93 Nudeln mit Lachs-Sahnesauce (ab 2 Jahren)
94 Nudeln mit schneller Tomatensauce (ab 2 Jahren)
94 Nudeln mit schneller Pilzsauce (ab 2 Jahren)
95 Nudeln mit schneller Spinatsauce (ab 2 Jahren)

Das wichtigste zuerst

Für alle Rezepte in diesem Buch gilt

- Bei **Obst**, **Gemüse** und **Fleisch** sollen ausschließlich Bio-Produkte Verwendung finden.
- **Milch** steht grundsätzlich für pasteurisierte Vollmilch mit 3,5 % Fett.
- Mit **Salz** ist immer Meersalz (Reformhaus oder Bio-Laden) gemeint.
- **Speiseöl** soll hochwertig und möglichst auch aus Reformhaus oder Bio-Laden sein.
- Wenn **Wasser** in den Speisen verbleibt, wird stilles Mineralwasser verwendet (nitratarm, für Babynahrung geeignet). Leitungswasser kommt nur zum Einsatz, wenn es erwiesenermaßen von hoher Qualität und das Rohrleitungssystem neueren Datums ist.

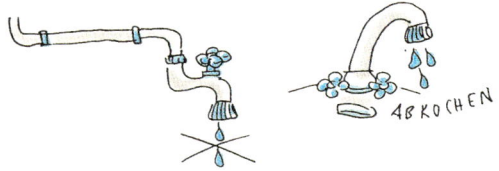

Basiswissen zur Säuglingsernährung

- Mindestens 6 Monate lang bekommt das Baby ausschließlich flüssige Milchnahrung. Muttermilch ist das Allerbeste fürs Baby, Fläschchen mit hypoallergener Säuglingsmilch das Zweitbeste.
- Die Mutter sollte möglichst mindestens 6 Monate lang voll stillen. Die Stillzeit kann aber bis ins 2. Lebensjahr ausgedehnt werden, wenn es den beiden Symbionten gefällt.
- Beikost nennt man den ersten Brei, den man dem Baby zusätzlich zur Muttermilch oder Säuglingsmilch gibt. Das Flaschenkind bekommt den ersten Brei ab dem 6., das Stillkind ab dem 7. Monat.
- Um Unverträglichkeiten und Allergien zu vermeiden, führt man jede neue Gemüse-, Obst- oder Fleischsorte in Breiform einzeln ein und testet sie eine Woche lang. Mischkost (Brei aus zwei Gemüsesorten und Fleisch) gibt es also erst später. Nach dem Füttern der ersten Beikost verstärkt auf Unverträglichkeitsreaktionen achten! Die zeigen sich 15 Minuten bis 72 Stunden nach der Mahlzeit und äußern sich in Symptomen wie roten, geschwollenen und juckenden Nasen, Schleimbildung, tränenden Augen, Hautrötung. In diesem Fall das erstmals gefütterte Lebensmittel sofort vom Speiseplan streichen! Ekzembildung (Neurodermitis, Milchschorf etc.) kann bereits auf eine allergische Reaktion hindeuten.

1. WAHL

- Im ersten Halbjahr muss das Baby außer der Milchnahrung keine weiteren Getränke zu sich nehmen. Falls der Säugling hohes Fieber hat oder stark schwitzt, kann man ihm ein Fläschchen mit stillem Mineralwasser geben, um den Flüssigkeitsverlust auszugleichen. Nur Mineralwasser wählen, das mit der Bezeichnung „Zur Zubereitung von Säuglingsnahrung geeignet" versehen ist. Bei Verdauungsproblemen können Fläschchen mit Fenchel- oder Anistee ohne Zuckerzusatz beruhigend wirken. Ab dem 10. Monat darf das Baby auch Getreidetee, im 2. Lebensjahr mit Wasser verdünnte, frisch gepresste Obstsäfte trinken.
- Da pflanzliche Nahrungsmittel aus dem Supermarkt mit Nitraten, Herbiziden, Pestiziden und anderen Schadstoffen belastet sein können, sollte man bei der Zubereitung von Babybrei grundsätzlich nur Gemüse und Obst aus kontrolliert biologischem Anbau verwenden. Kaufen Sie Saison-Gemüse, und meiden Sie auf alle Fälle Treibhausware mit hohem Nitratgehalt! Fleisch nur beim Biometzger (Gütesiegel) kaufen! Falls keine Bio-Ware erhältlich ist, sollte man auf Fleisch verzichten (wegen Hormon- und Medikamentenrückständen).

Basiswissen zur Säuglingsernährung 11

- Für Babys (unter 12 Monaten) bekömmliche Gemüsesorten sind: Kartoffel, Möhre, Kürbis, Pastinake, Spinat, Schwarzwurzel, Blumenkohl, Brokkoli und Kohlrabi.
- Für Babys (unter 12 Monaten) bekömmliche Obstsorten sind: Banane, Apfel, Birne, Aprikose, im Sommer auch Melone.
- Keine verfrühte Fütterung von körperfremden Proteinen pflanzlicher und tierischer Herkunft (Getreide, Sojabohnen, Milch, Ei, Fleisch, Fisch)! Vgl. Tabelle: Was Baby wann essen darf (s. S. 22).
- Wenn körperfremdes Eiweiß durch die noch durchlässige Darmschleimhaut des Babys dringt, mobilisiert das Immunsystem Abwehrzellen und verursacht Unverträglichkeitsreaktionen. Kommt das Kind später wieder mit dem Lebensmittel in Kontakt, kann eine bleibende Allergie (s. S. 23) ausgelöst werden.
- Im 1. Lebensjahr sollten Stillkinder auf Vollmilch und Vollmilchprodukte (Joghurt, Quark, Käse etc.) möglichst ganz verzichten, da das Eiweiß der Kuhmilch bei Babys eine Allergie auslösen kann. Häufige Symptome einer Kuhmilchallergie sind Bauchbeschwerden, Durchfall, Erbrechen und Verstopfung. Verdauungsstörungen bei Kindern immer vom Kinderarzt abklären lassen!
- Glutenfreie (klebereiweißfreie) Getreidebreis (z.B. Reis, Mais, Hirse, Amaranth) können schon ab dem 6. Monat gefüttert werden. Glutenhaltige (klebereiweißhaltige) Getreide (wie Dinkel, Weizen, Hafer, Gerste, Grünkern, Roggen) frühestens ab 7. Monat füttern. Bei verfrühter Fütterung kann bei entsprechender erblicher Veranlagung die so genannte Zöliakie ausgelöst werden. Diese chronische Erkrankung führt zu einer Schädigung der Darmschleimhaut und beeinträchtigt die Funktionen des Dünndarms.
- Babys erstes Fleisch ist Pute (ab 7., für Stillkinder ab 8. Monat). Später (frühestens ab 10. Monat) kann zur Eisenversorgung auch zweimal wöchentlich Rind- und Lammfleisch gefüttert werden.

Die Ausrüstung

Sauger und Fläschchen reinigt man, nachdem das Baby getrunken hat, gründlich mit einer speziellen Flaschenbürste und etwas Spülmittel, spült sorgfältig klar und legt das Gespülte – zusammen mit weiteren gespülten Fläschchen und Saugern – in einen großen Topf mit Wasser, den man ungefähr 30 Minuten bei mittlerer Hitze kochen lässt. Wasser, Tee und Säuglingsmilch kommen ausschließlich in steriles Sauggeschirr. Das bewahrt man mit einem frisch gebügelten Küchentuch oder einer (neuen!) frisch ausgekochten Stoffwindel bedeckt auf. Und Sie haben natürlich immer mehrere sterile Ersatzflaschen und -sauger parat!

Die folgenden Gegenstände benötigen Sie zur Zubereitung von Babys Mahlzeiten:

- Glasreibe
- Pürierstab oder Mixer
- Dampfeinsatz oder Dampfkochtopf
- Saftpresse oder Entsafter

Die **Glasreibe** kommt zum Einsatz, wenn Ihr Kind schon 13 Monate alt ist und gerade eine Obstmahlzeit mit Rohkost angesagt ist! Zuerst wird der Apfel halbiert, dann das Kerngehäuse entfernt, zum Schluss geschält. Nun kann man nach Belieben die Konsistenz des Apfels vom festen in den matschigen Zustand verändern, indem man ihn an der Reibe entlangführt, hin und her. Sehr schön machen Sie das. Fertig! Und jetzt rasch füttern, denn wenn Sie noch eine halbe Stunde warten, sieht das Apfelmus ganz schön unansehnlich aus!

Saftpresse und **Entsafter** kommen erst im 2. Lebensjahr zum Einsatz. Vor allem Orangen- und Zitronensaft sollte das Baby im 1. Jahr nicht trinken, sonst wird es wund. Apfel-, Birnen-, Melonen- oder Aprikosensaft, frisch gepresst mit dem Entsafter oder Mixer, darf es schon etwas früher (ab 10. Monat) probieren.

Absolut unentbehrlich in der Babyküche ist der **Pürierstab**. Mit ihm kann man nicht nur Früchte, sondern auch gekochtes Gemüse und Fleisch in Mus verwandeln. Einstecken, den Zerkleinerer-Einsatz auf das gekochte Gemüse im Topf halten, den Schalter betätigen, sssttttt, und schon entsteht ein feines Püree, das zahnlose Wesen bequem aufnehmen können.

Garmethoden

- Beim **Dämpfen** liegt das Gemüse in einem Siebeinsatz, wird mit Wasserdampf erhitzt, kommt aber mit dem Wasser am Boden des Topfes gar nicht in Berührung. Das Gemüse behält beim Dämpfen die meisten Vitamine und seine schöne Farbe.

- Beim **Dünsten** wird das Gemüse im eigenen Saft, mit wenig Wasserzusatz, bei niedriger Temperatur (95–100 °C) vitaminschonend gegart. Das Kochwasser wird nicht abgeschüttet, sondern mitverwendet. Die Vitamine im Kochwasser gehen also nicht verloren.

- Beim **Kochen** ist das Gargut bedeckt mit Wasser. Kochen kann man ungeschältes Gemüse wie Pellkartoffeln, Rote Bete, Sellerieknollen. Wird geschältes Gemüse gekocht, sollte man das vitaminhaltige Kochwasser mitverwenden und nicht weggießen.

- Das zeitsparende **Garen im Dampfkochtopf** ist nur zu empfehlen, wenn größere Mengen (z.B. zum Einfrieren) gekocht werden. Für eine einzige Babymahlzeit lohnt sich der Aufwand nicht.

Grundregeln zur Fütterung der zahnlosen Raubtiere

- Bieten Sie dem Baby regelmäßige Essenszeiten an.
- Baby braucht, sobald es sitzen kann, einen Hochstuhl und darf am Tisch gemeinsam mit den Eltern essen. Auch bei der Zubereitung des Breis soll es ruhig zuschauen.
- Kein Zwang beim Essen! (Diese Grundregel gilt für Babys ohne und für Kinder mit Zähnen).
- Halten Sie regelmäßige Essenszeiten ein, aber richten Sie sich nicht streng nach der Uhr. Falls das Kind früher Hunger äußert, kriegt es früher was. Falls es noch nicht hungrig ist, zwingen Sie es nicht zu essen. Wenn das Kind den Kopf vom Löffel wegdreht, heißt das: Genug, ich mag nicht mehr. Beachten Sie dieses Signal! Der Teller muss nicht leer sein. Das Kleine spürt selbst, wie viel es braucht. Lassen Sie Ihrem Kind ruhig Zeit, sich an neue Lebensmittel zu gewöhnen. Auch Babys haben Vorlieben für bestimmte Speisen und können andere nicht ausstehen. Zwang beim Essen führt zu Essstörungen!
- Essen darf niemals als Belohnung oder Trost eingesetzt werden. Oder wollen Sie ein übergewichtiges Kind mästen?
- Tricks beim Füttern: Nehmen Sie das Baby zum Füttern auf den Schoß. Überprüfen Sie zuerst, ob der Brei die richtige Temperatur hat. Der Babylöffel sollte relativ flach sein, damit das Baby den Brei auch lutschen kann.
- Geduldig und gelassen bleiben, auch wenn das Baby kleckert, schmiert und spuckt. Flecken vermeidet man mit Lätzchen und sauberen Küchentüchern.

16 Das Wichtigste zuerst

- ☺ Das Bäuerchen nicht vergessen. Nehmen Sie das Kind auf den Arm, gehen Sie ein paar Schritte, und klopfen Sie dabei dem Baby ganz sanft auf den Rücken, bis es rülpst, uuups! Nützlich ist ein Tuch auf der Schulter, falls der Winzling spuckt.
- ☺ Nach dem Essen braucht das Baby Ruhe für die Verdauung. Machen Sie eine Spazierfahrt im Kinderwagen an der frischen Luft, oder legen Sie es ins Bettchen. Baden Sie das Kind niemals unmittelbar, sondern frühestens eine Stunde nach dem Essen, um Kreislaufbelastungen zu vermeiden.
- ☺ Halten Sie bei Verdauungsstörungen die Anweisungen des Kinderarztes ein, und sprechen Sie den Diätplan genau mit ihm durch.
- ☺ Tipps bei Durchfall: Tritt Durchfall nach Einführung einer neuen Obst- oder Gemüsesorte auf, das betreffende Lebensmittel sofort absetzen. Unbedingt Kinderarzt konsultieren und die Ursache des Durchfalls abklären. Diätvorschläge (siehe Rezeptteil S. 41) immer mit dem Kinderarzt absprechen!
- ☺ Tipps bei Blähungen: Heilnahrung (siehe Rezeptteil S. 41) immer mit dem Kinderarzt absprechen!
- ☺ Tipps bei Verstopfung: Möhren- oder Papayamus füttern (Rezepte S. 42–43) oder gekochtes Apfel- oder Birnenmus (Rezept S. 34) unter den Brei mischen. Heilnahrung (siehe Rezeptteil S. 42) immer mit dem Kinderarzt absprechen!

Fleischmuffel, aufgepasst!

- Eier, Getreide (Hafer, Hirse) und Gemüse sind eisenhaltig und machen schöne rote Bäckchen! (Aber: Eigelb besser erst ab 12., bei Stillkindern ab 13., Eiweiß ab 18. Monat füttern.)
  Eisenreiche Gemüse: Möhren, Kartoffeln, Spinat, Brokkoli, Mangold, Fenchel, Spargel, Sojabohnen.
  Eisenreiches Obst: Aprikosen, schwarze Johannisbeeren.
  Eisenreiches Getreide: Roggen, Hafer, Hirse.
- Eisen aus pflanzlicher Kost lässt sich in Verbindung mit Vitamin C leichter aufnehmen. Also ab dem 13. Monat zu eisenreichem Gemüse Orangensaft (frisch gepresst) reichen!
  Vitamin-C-reiche Früchte: Orangen, Kiwi, Beeren. **Vitamin-C-reiches Gemüse:** Paprika, Blumenkohl, Brokkoli, Kartoffeln.
- Bitte prüfen Sie anhand der Tabellen auf S. 22 und 24–25, ab wann was gefüttert werden darf.

Lirum, larum, Löffelstiel – vom Selberessen

Sobald das Baby den Löffel greifen und gezielt zum Mund führen kann (ungefähr ab 13. Monat), darf es selbst essen. Das fördert die Geschicklichkeit und schafft Selbstbewusstsein. Mit 18 Monaten kommen viele Babys schon gut mit dem Löffel zurecht. Bitte bedenken Sie:

- Selber löffeln macht Spaß.
- Geben Sie dem Baby für seine ersten eigenhändigen Essversuche lieber Brei als dünnflüssiges Mus oder womöglich heiße Suppen!

18 Das Wichtigste zuerst

- 😊 Schmieren und Matschen erlaubt. Überwinden Sie Ihre Sauberkeitsliebe, und lassen Sie Ihr Kind nach dem Essen ab und zu ausprobieren, wie sich Brei und andere Lebensmittel anfühlen. Das Patschen in Breiresten befriedigt taktile Reize, fördert die Ausbildung der Feinmotorik und die Fantasie. Erst wenn das Baby 2 Jahre und älter ist, muss es allmählich lernen, dass Lebensmittel kein Spielzeug sind.
- 😊 Tischmanieren kommen später. Benehmen bei Tisch kann von Ihrem Kind frühestens ab 3 Jahren, der Umgang mit Messer und Gabel erst gegen Ende der Kindergartenzeit (5–6 Jahre) erwartet werden.
- 😊 Große Babys dürfen schon aus der Tasse trinken! Für die ersten Versuche eignet sich eine kleine Plastiktasse mit Schnabel und wenig Flüssigkeit am besten.

Ernährung von Kleinkindern ab 2 Jahren

- Bieten Sie dem Kind weiterhin mindestens 5 feste Mahlzeiten pro Tag an (mehrere kleine Mahlzeiten sind günstiger als wenige große). Das Kind soll gemütlich und in Ruhe essen können. Und vergessen Sie nicht: Gut gekaut ist halb verdaut.
- Kleinkinder haben einen höheren Flüssigkeitsbedarf als Erwachsene. 2–4-Jährige sollten ca. 1 Liter Flüssigkeit pro Tag zu sich nehmen. Mineralwasser, Tee oder Fruchtsaftschorle sind gute Durstlöscher.
- Ernähren Sie Ihr Kind fett- und zuckerarm. Auf dem Speisezettel sollten nur wenig Weißmehlprodukte (Weißbrot, Kuchen, Kekse, Nudeln) stehen.
- Bieten Sie Ihrem Kind überwiegend Vollkornprodukte und viele Gemüsegerichte an! Ballaststoffreiche Ernährung ist gut für die Verdauung. Gemüse und Obst enthalten neben verdauungsfördernden pflanzlichen Fasern komplexe Kohlehydrate mit vielen Vitaminen und Mineralstoffen.
- Als Zwischenmahlzeit optimal: Obst.
- Fleisch- und Fischgerichte maximal zweimal pro Woche reichen. Kleine Fleischportionen (möglichst Bio-Fleisch) genügen. Seefisch ist wegen seines Gehalts an Jod, Selen und Fischölen (ungesättigte Fettsäuren) einmal pro Woche empfehlenswert.
- Verwenden Sie für Salate kaltgepresste Öle mit hohem Anteil an essentiellen Fettsäuren (z.B. Olivenöl, Sesamöl, Rapsöl).
- Milch und Milchprodukte (als Getränk oder Zwischenmahlzeit) decken einen Großteil des Vitamin- und Mineralstoffbedarfs und liefern hochwertiges Eiweiß. Bei Lactose-Verträglichkeit sollte Ihr Kind viel Milch trinken oder leicht verdauliche Milchprodukte (z.B. Joghurt, Dickmilch, Kefir) essen.
- Rohkost (einschließlich Obst) und Salate sollten vor der Hauptmahlzeit gegessen werden. Bei empfindlicher Verdauung wird empfohlen, nach 18 Uhr kein rohes Obst und Gemüse mehr zu verzehren.

Bloß nicht!

- Konserven, Fertiggerichte, Fastfood, Süßigkeiten, Puddingdesserts, Limo sollten Sie weitgehend meiden und durch frisches Obst, Gemüse, Fruchtsäfte ersetzen! Schränken Sie den Konsum von Fertigprodukten (z.B. Kartoffelchips) mit (möglicherweise gentechnisch veränderten) Zusatzstoffen ein! Verzichten Sie weitgehend auf konservierte Lebensmittel (abgepackte Kuchen, Wurst, Käse etc.) und Dosennahrung.

- Fallen Sie nicht auf Werbesprüche herein, die Ihnen vorgaukeln, die speziell für Kinder produzierten Lebensmittel seien gesund. Sie enthalten fast immer zu viel Zucker und Fett, aber wenige oder keine Vitamine und Mineralstoffe.
- Bieten Sie Süßigkeiten (z.B. Schokoriegel, Bonbons etc.) nur in Ausnahmefällen an (Geburtstag, Weihnachten, Ostern etc.)! Viele Produkte enthalten bereits (undeklariert!) genmanipuliertes Soja-Lecithin. Um sicherzugehen, sollten Sie Süßigkeiten im Naturkostladen einkaufen!
- Vermeiden Sie gepökelte Wurstwaren und geräucherten Fisch. Speck, Schinken, Salami, Lachsschinken, Würste aller Art enthalten (sofern sie nicht vom Biometzger stammen) Nitritpökelsalz, aus dem sich bei Erhitzen (z.B. beim Grillen) krebserregende Nitrosamine bilden.
- Wurstwaren werden von Kindern gern gegessen, sind aber bedenklich. Sie enthalten 20–30 % Fett, Hormon- und Medikamentenrückstände, krebserregende Nitrosamine in hoher Konzentration und unbekannte Zusatzstoffe (auch genmanipuliertes

Soja-Lecithin kann enthalten sein). Statt Streich(leber)wurst besser vegetarische Pasteten servieren. Grillen Sie nur selten, vor allem keine Wurstwaren mit Nitritpökelsalz.

- Verwenden Sie keine Öle zum Braten, die reich an Linolsäure sind (wie Sonnenblumenöl, Distelöl, Maiskeimöl, Sojaöl). Erhitzen Sie Fette nicht zu lange und nicht über 180 °C; das Bratfett soll nicht rauchen. Verwenden Sie zum Kochen und für Salate oft Rapsöl oder Olivenöl.
- Vermeiden Sie Treibhausware mit hohem Nitratgehalt! Die Entstehung von krebserregenden Nitrosaminen im Magen kann übrigens durch die Vitamine C und E sowie durch Selen (enthalten z.B. in Sesam oder Kokosnuss) gehemmt werden. Empfehlenswert ist Zitronensaft zu Kopfsalat, der zu den stark nitrophilen Gemüsen zählt, oder ein Glas Orangensaft zum Essen.
- Waschen Sie Gemüse und Obst vor dem Verzehr gründlich. Äpfel, Birnen, Gurken etc., wenn sie nicht aus ökologischem Anbau stammen, möglichst schälen. Vermindern Sie den Nitratgehalt in belastetem Gemüse durch Entfernung der äußeren Blätter, der dicken Blattrippen und Strunkansätze.

Kaufen Sie möglichst unbehandelte Zitrusfrüchte. Behandelte vor dem Schälen oder Pressen mit heißem Wasser waschen und mit Küchenkrepp abtrocknen. Oder mit Öl und Küchenkrepp abreiben, das entfernt die Schadstoffe noch besser.

- Verzichten Sie auf Waldpilze und -beeren sowie auf Wild aus Osteuropa, Bayern und Österreich, die auch so viele Jahre nach Tschernobyl noch immer radioaktiv belastet sind!

Auf einen Blick – was Baby wann essen darf

Frühestmögliche Fütterung von Beikost im Alter von:
Empfehlungen fürs **Flaschenkind** (nicht allergiegefährdet)

	Lebensmittel
ab 6. Monat	Möhren, Kürbis, Kartoffeln, Pastinake, Maiskeim- und Sojaöl, Butter, Reisflockenbrei (glutenfrei), Banane, Apfel, Birnenmus (gedünstet)
ab 7. Monat	Zucchini, Blumenkohl, Brokkoli, Putenfleisch, adaptierter Milchgetreidebrei (Dinkel, Haferflocken), Aprikose
ab 8. Monat	Getreidebrei (Weizen, Gerste, Roggen, Grünkern), Melone
ab 9. Monat	Spinat, Fenchel, Rindfleisch, Lammfleisch, Petersilie
ab 10. Monat	Kohlrabi, Vollkornzwieback, Buttervollkornbrot (Dinkel), Vollmilch, Vollmilchprodukte, Eigelb, Nudeln
ab 13. Monat	Rohkost (Salat, Radieschen, Paprika), Sellerie, Rote Bete, Erbsen, Kohl, Mais, Gurke, Zucker, Salz, Gewürze, Kräuter, Schalotten, Hirse, Amaranth, Buchweizen, Schokolade, Nüsse, Sesam, Sojabohnen, Orange, Kiwi
ab 16. Monat	Honig
ab 18. Monat	Knoblauch, Zwiebeln, Tomaten, Paprika, Auberginen, Pilze, Hühnerfleisch, Hühnereiweiß, Schweinefleisch, Fisch, Meerestiere, Beeren

Anmerkung:

Wird das Baby bis zum 8. Monat oder später voll gestillt, verschiebt sich der Speiseplan. In diesem Fall bekommt das Stillkind im 9. Monat oder später die erste Beikost (Möhren- und Kürbismus). Vergl. auch Tabelle S. 24–25.

✚ ✚ ✚ Vorsicht, Allergien!

Wenn in der Familie gehäuft Allergien (Nahrungsmittelunverträglichkeit, Asthma, Heuschnupfen, Ekzeme) auftreten, ist das Baby als allergiegefährdet einzustufen.
Allergiegefährdete Babys sollten im 1. Lebensjahr ganz meiden:
- Vollmilch und Vollmilchprodukte
- glutenhaltige Getreide- und Sojaprodukte
- Wurst, Ei, Huhn, Schweinefleisch, Fisch, Schalentiere
- Schokolade, Nüsse (Haselnüsse, Paranüsse, Erdnüsse, Walnüsse)
- Samen (Anis, Fenchel, Sesam!)
- Bohnen, Erbsen, Soja, Kohl, Zwiebeln, Paprika, Tomaten, Sellerie, Gurken, Sauerkraut
- Säurehaltige Zitrusfrüchte, Beeren und exotische Früchte (Ananas, Kiwi, Mango, Avocado)
- Salz, Gewürze (Pfeffer, Paprika, Muskatnuss, Curry, Koriander, Kümmel, Kurkuma, Vanille, Zimt)
- Zucker, Süßigkeiten, Fertigprodukte
- Kräutertees (z.B. Kamille, Pfefferminze, Zitronenmelisse)
- Küchenkräuter (Basilikum, Dill, Liebstöckel, Salbei, Schnittlauch, Thymian)

Informationen bei Allergien finden Sie hier:

AAK Arbeitsgemeinschaft Allergiekrankes Kind e.V.
Nassaustraße 32, 35745 Herborn,
Tel. 02772 9287-0, Fax 02772 9287-9, www.aak.de
Deutscher Neurodermitiker Bund e.V.
Spaldingstraße 210, 22097 Hamburg,
Tel. 040 230744, Fax 040 231008, www.dub-ev.de
Deutsche Zöliakie-Gesellschaft e.V.
Filderhauptstraße 61, 70599 Stuttgart,
Tel. 0711 459981-0, Fax 0711 459981-50, www.dzg-online.de

Ernährungsplan im 1. Lebensjahr

(vereinfachtes Beispiel für ein **Flaschenkind**)

	Morgens	Zwischenmahlzeit	Mittags	Nachmittags	Abends
6. Monat der erste Brei (Möhre, Kürbis, Banane)	240 ml Säuglingsmilch		50–100 g Gemüsepüree (Möhre oder Kürbis)	240 ml Säuglingsmilch und Bananenmus	240 ml Säuglingsmilch
7. Monat das erste Apfelmus, das erste Fleisch	240 ml Säuglingsmilch		150 g Gemüsepüree (Möhre oder Kürbis) gemischt mit Putenpüree	150 g Fruchtmus mit Reisflockenbrei und gedünstetem Apfelmus	150 g Fruchtmus mit Reisflockenbrei
8. Monat neue Gemüsesorten (Blumenkohl, Brokkoli)	240 ml Säuglingsmilch		150 g Gemüsebrei, vermischt mit Kartoffeln und Putenpüree	150 g Fruchtmus mit Reisflockenbrei	adaptierter Milchgetreidebrei
9. Monat neue Gemüsesorten (Spinat, Fenchel)	240 ml Säuglingsmilch		150 g Gemüsebrei, vermischt mit Kartoffeln und Putenpüree	150 g Fruchtmus mit Reisflockenbrei	adaptierter Milchgetreidebrei
10. Monat erstmals Eigelb, Vollmilch (Gemüse jetzt mit der Gabel zerdrücken)	240 ml Säuglingsmilch	Reiswaffel oder Vollkornzwieback oder 50 g Obst	180 g Gemüse mit Kartoffeln und Putenpüree	Reiswaffel oder Vollkornzwieback oder 50 g Obst	Vollmilchgetreidebrei
11. Monat neue Obst- und Gemüsesorten	250 ml Säuglingsmilch, feines Vollkornbrot	Reiswaffel oder Vollkornzwieback oder 50 g Obst	180 g Gemüse mit Kartoffeln und Putenpüree	Reiswaffel oder Vollkornzwieback oder 50 g Obst	Vollmilchgetreidebrei
12. Monat erstmals Nudeln	Vollmilch und feines Vollkornbrot	Reiswaffel oder Vollkornzwieback oder 50 g Obst	180 g Gemüse mit Kartoffeln und Putenpüree	Reiswaffel oder Vollkornzwieback oder 50 g Obst	Vollmilchgetreidebrei

Ernährungsplan im 1. Lebensjahr

(vereinfachtes Beispiel für ein **Stillkind**)

	Morgens	Zwischenmahlzeit	Mittags	Nachmittags	Abends
7. Monat der erste Brei (Möhre, Kürbis, Banane)	Stillmahlzeit		50–100 g Gemüsepüree (Möhre oder Kürbis)	240 ml Säuglingsmilch und Bananenmus	Stillmahlzeit
8. Monat das erste Apfelmus, das erste Fleisch	Stillmahlzeit		150 g Gemüsepüree (Möhre oder Kürbis)	150 g Fruchtmus mit Reisflockenbrei und gedünstetem Apfelmus	Stillmahlzeit und 150 g Fruchtmus mit Reisflockenbrei
9. Monat neue Gemüsesorten (Blumenkohl, Brokkoli)	Stillmahlzeit		150 g Gemüsebrei, vermischt mit Kartoffeln und Putenpüree	150 g Fruchtmus mit Reisflockenbrei	Stillmahlzeit und milchfreier Schmelzflockenbrei
10. Monat neue Gemüsesorten (Spinat, Fenchel)	Stillmahlzeit		150 g Gemüsebrei, vermischt mit Kartoffeln und Putenpüree	150 g Fruchtmus mit Reisflockenbrei	Stillmahlzeit und milchfreier Schmelzflockenbrei
11. Monat was zu beißen (Gemüse ab jetzt mit der Gabel zerdrücken)	Stillmahlzeit und feines Vollkornbrot	Reiswaffel oder Vollkornzwieback oder 50 g Obst	180 g Gemüse mit Kartoffeln und Putenpüree	Reiswaffel oder Vollkornzwieback oder 50 g Obst	Stillmahlzeit und milchfreier Schmelzflockenbrei
12. Monat neue Obst- und Gemüsesorten	Stillmahlzeit und feines Vollkornbrot	Reiswaffel oder Vollkornzwieback oder 50 g Obst	180 g Gemüse mit Kartoffeln und Putenpüree	Reiswaffel oder Vollkornzwieback oder 50 g Obst	Stillmahlzeit und milchfreier Schmelzflockenbrei
13. Monat erstmals Eigelb, Nudeln, Vollmilch	Vollmilch und feines Vollkornbrot	Reiswaffel oder Vollkornzwieback oder 50 g Obst	180 g Gemüse mit Kartoffeln und Putenpüree	Reiswaffel oder Vollkornzwieback oder 50 g Obst	Vollmilchgetreidebrei

(Wird später abgestillt, verschiebt sich der Zeitplan entsprechend.)

Vorsicht bei Nitrat!

Nitrat (NO_3^-), das die Pflanze aus dem Boden aufnimmt, wird größtenteils zu Eiweiß und anderen Stickstoffverbindungen umgewandelt. Ein Teil wird jedoch gespeichert und gelangt mit der Nahrung in den menschlichen Körper. 70 % des vom Menschen durchschnittlich aufgenommenem Nitrats wird mit Gemüse, 20 % mit Trinkwasser und 10 % mit gepökeltem Fleisch zugeführt. Nitrat selbst ist nicht gesundheitsschädlich, kann jedoch im Körper in das giftige Nitrit (NO_2^-) umgewandelt werden. Nitrit kann den roten Blutfarbstoff Hämoglobin blockieren, der den über die Lunge eingeatmeten Sauerstoff zu den Zellen transportiert. Bei Säuglingen bis zum Alter von 6 Monaten ist das Schutzsystem, das das durch Nitrit blockierte Hämoglobin wieder in die sauerstofftransportierende Form umwandeln kann, noch nicht ausgebildet, das Kind ist akut von Erstickung bedroht (Säuglingsblausucht oder Methämoglobinämie). Nitrit ist außerdem auch an der Bildung krebserregender Nitrosamine beteiligt.

Die Nitratkonzentration im Gemüse steigt mit zunehmender Stickstoffdüngung. Ökologisch angebautes Gemüse, das weniger und mit organischen Düngemitteln gedüngt wird, ist deutlich nitratärmer. Auch die Sonneneinstrahlung beeinflusst den Nitratgehalt. Je länger die Sonnenscheindauer, desto geringer ist er. Ein Kopfsalat, der im Winter im Treibhaus wächst, speichert deutlich mehr Nitrat als Freilandsalat. Wird nitratreiches Gemüse (z.B. Spinat, Rote Bete, Mangold, Sellerie) aufgewärmt, bildet sich das gesundheitsschädliche Nitrit. Mit Treibhausware führen Sie Ihrem Kind besonders viele Nitrate zu. Kaufen Sie grundsätzlich Saisongemüse, bevorzugt aus ökologischem Anbau!

Nitratgehalt:
niedrig: < 500 mg/kg, **mittel:** 500–1000 mg/kg, **hoch:** > 1000 mg/kg

 gutes Angebot   größtes Angebot

Saisontabelle für Gemüse

Die ersten Gemüsesorten	Nitrat-gehalt	Jan	Feb	Mär	Apr	Mai	Jun	Jul	Aug	Sep	Okt	Nov	Dez
Blumenkohl	niedrig						■	■	■	■	■	■	
Brokkoli	niedrig						■	■	■	■	■		
Kohlrabi	hoch					■	■	■	■	■	■		
Kürbis	niedrig								■	■	■	■	
Möhren	niedrig							■	■	■	■	■	
Schwarzwurzeln	mittel										■	■	■
Sellerie	hoch								■	■	■	■	
Spinat	hoch					■	■						
Gemüse ab 18. Monat													
Chicorée	niedrig	■	■										■
Chinakohl	mittel									■	■	■	
Eisbergsalat	mittel						■	■	■	■	■		
Endivien	hoch	■	■						■	■	■	■	
Erbsen	niedrig						■	■	■				
Feldsalat	hoch	■	■	■								■	■
grüne Bohnen	niedrig							■	■	■	■		
Grünkohl	mittel	■										■	■
Gurken	niedrig						■	■	■	■	■		
Kopfsalat	hoch					■	■	■	■	■	■		
Lauch	niedrig								■	■	■	■	■
Mangold	hoch						■	■	■	■	■		
Paprika	niedrig							■	■	■	■		
Radieschen	hoch				■	■	■	■	■	■	■		
Rettich	hoch	■	■			■	■	■	■	■	■		
Rosenkohl	niedrig	■	■								■	■	■
Rote Bete	hoch						■	■	■	■	■	■	
Spargel	niedrig				■	■	■						
Tomaten	niedrig							■	■	■	■		
Weißkohl	mittel						■	■	■	■	■	■	
Wirsing	mittel	■					■	■	■	■	■	■	■
Zucchini	niedrig						■	■	■	■	■		
Zwiebeln	niedrig							■	■	■	■	■	■

Der erste Brei: Gemüse- und Fruchtpürees

Möhrenpüree
(ab 6. Monat)

Zutaten für 1 Babymahlzeit:
1–2 Frühmöhren (ca. 150 g),
1 TL Butter oder Speiseöl,
1/2 Tasse (ca. 50 ml) Wasser

Möhren gründlich waschen (bei Bedarf Schale mit dem Küchenmesser abschaben) und in ca. 4 Millimeter dicke Scheiben schneiden. Möhrenscheiben in einem Topf zunächst in Butter oder Öl, dann in wenig Wasser ca. 10 Minuten dünsten, bis das Gemüse weich ist. Dann die Möhren mit dem Pürierstab fein pürieren.

Abwandlung:
Ca. 100 Gramm Möhrenmus mit ca. 60 Gramm Kartoffelbrei (Rezept S. 29) gut mischen.

Kürbispüree
(ab 6. Monat)

Zutaten und Zubereitung wie bei Möhrenpüree. Statt Möhrenscheiben 150 Gramm gewürfelten Gartenkürbis verwenden.

Pastinakenpüree
(ab 6. Monat)

Zutaten und Zubereitung wie bei Möhrenpüree. Statt Möhrenscheiben 150 Gramm gewürfelte Pastinake verwenden.

Zucchinipüree
(ab 7. Monat)

Zutaten und Zubereitung wie bei Möhrenpüree. Statt Möhrenscheiben 1 kleine in Scheiben geschnittene Zucchini verwenden.

Kartoffelbrei
(ab 6. Monat)

Zutaten für 1 Babymahlzeit:
1–2 mehlige Kartoffeln (ca. 150 g),
2 Tassen (ca. 200 ml) Wasser,
1 TL Butter oder Speiseöl

Kartoffeln gründlich waschen und in einem Topf mit Wasser zum Kochen bringen, bei mittlerer Hitze weichgaren. Nach der Gabelprobe die heißen Kartoffeln schälen, mit der Gabel zerdrücken, Butter oder Öl zugeben und zu einem feinen Püree verrühren.

Tipp:
Kartoffelbrei kann mit fast jedem Gemüsepüree vermischt werden.

Möhrenpüree mit Petersilienwurzel

(ab 7. Monat)

Zutaten für 1 Babymahlzeit:
1–2 Frühmöhren (ca. 150 g),
1 Petersilienwurzel (ca. 50–100 g),
1 TL Butter oder Speiseöl,
ca. 100 ml Wasser

Wurzelgemüse gründlich waschen (bei Bedarf Schale mit dem Küchenmesser abschaben) und in ca. 4 Millimeter dicke Scheiben schneiden. Gemüsescheiben in einem Topf zunächst nur mit Butter oder Öl, dann in wenig Wasser ca. 10 Minuten dünsten, dann mit dem Pürierstab fein pürieren.

Blumenkohlpüree

(ab 8. Monat)

Zutaten für 1 Babymahlzeit:
150 g Blumenkohl,
1 TL Butter oder Speiseöl,
ca. 200 ml Wasser

Blumenkohl waschen, in Röschen zerteilen. Wasser in einen Topf mit Siebeinsatz gießen, Blumenkohlröschen in den Siebeinsatz geben. Wasser zum Kochen bringen und das Gemüse ca. 9 Minuten bei mittlerer Hitze dämpfen. Gemüse (ohne das Wasser!) pürieren, Butter oder Öl hineinrühren.

Brokkolipüree
(ab 8. Monat)

Zutaten und Zubereitung wie bei Blumenkohlpüree, aber statt Blumenkohl 150 Gramm Brokkoli verwenden.

Tipp:
Bei Verträglichkeit ab dem 10. Monat Brokkoli mit einem Eigelb (hart gekocht) anreichern (zur Vitamin-B12-Zufuhr).

Kohlrabipüree
(ab 9. Monat)

Zutaten für 1 Babymahlzeit:
150 g Kohlrabi,
1 TL Butter oder Speiseöl,
1/2 Tasse (ca. 50 ml) Wasser

Kohlrabi schälen, halbieren und in dünne Scheiben schneiden. In einem Topf zunächst mit Butter oder Öl, dann in wenig Wasser ca. 10 Minuten dünsten, bis das Gemüse weich ist, dann mit dem Pürierstab fein pürieren.

Tipp:
Kohlrabi ist ein relativ nitratreiches Gemüse. Bitte nicht aufwärmen!

Fenchelpüree
(ab 9. Monat)

Zutaten für 1 Babymahlzeit:
150 g Fenchel,
ca. 200 ml Wasser,
1 TL Butter oder Speiseöl

Fenchel gründlich waschen, vom Grün befreien und klein schneiden. Wasser in einen Topf mit Siebeinsatz gießen, Fenchelstückchen in den Siebeinsatz geben. Wasser zum Kochen bringen und das Gemüse ca. 8 Minuten bei mittlerer Hitze dämpfen. Gemüse (ohne das Wasser!) pürieren, Butter oder Öl hineinrühren.

Tipp:
Fenchel ist ein relativ nitratreiches Gemüse. Bitte nicht aufwärmen!

Blattspinat mit Kartoffelbrei
(ab 10. Monat)

Zutaten für 1 Babymahlzeit:
ca. 70 g Blattspinat,
1 TL Butter und 2 EL Sahne oder
1 EL Olivenöl,
150 g Kartoffelbrei (Rezept S. 29)

Spinat verlesen, gründlich waschen. Tropfnass ca. 10 Minuten im eigenen Saft dünsten, pürieren. Spinatbrei mit Butter und Sahne oder Olivenöl verfeinern. Mit dem Kartoffelbrei mischen.

Abwandlung:
Bei Verträglichkeit ab dem 10. Monat ein gekochtes Eigelb darunterrühren (zur Vitamin-B12-Zufuhr).

Tipp:
Spinat sollte wegen seines Nitratgehalts nicht aufgewärmt werden.

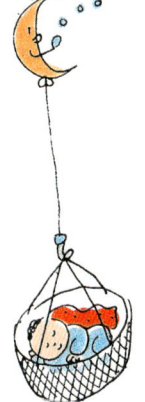

Mischgemüse mit Kräutern
(ab 11. Monat)

Zutaten für 1 Babymahlzeit:
1/2 Zucchini,
1 kleine Möhre,
1 TL Butter,
ca. 100 ml Wasser,
1 EL Petersilie, gehackt

Zucchini waschen, Enden abschneiden, der Länge nach halbieren und quer in dünne Scheiben schneiden. Möhre waschen (bei Bedarf Schale mit dem Küchenmesser abschaben) und in ca. 4 Millimeter dicke Scheiben schneiden. Gemüse in einem Topf zunächst mit Butter, dann in wenig Wasser ca. 10 Minuten dünsten. Vom Herd nehmen und die Petersilie unterheben. Gemüse mit der Gabel zerkleinern.

Bananenmus
(ab 6. Monat)

Zutaten für 1 Babymahlzeit:
1/2 Banane

Banane schälen, Enden abschneiden. Banane mit der Gabel zu feinem Mus zerdrücken. Sofort verfüttern bzw. weiterverarbeiten.

Apfel- oder Birnenmus
(gedünstet ab 6. Monat)

Zutaten für 1 Babymahlzeit:
1/2 Apfel oder 1/2 Birne,
50 ml Wasser

Apfel oder Birne schälen, vierteln, vom Kerngehäuse befreien, Fruchtfleisch in kleine Stücke schneiden, in Wasser andünsten, pürieren oder mit der Gabel zerdrücken.

Aprikosenmus

(gedünstet ab 8. Monat)

Zutaten für 1 Babymahlzeit:
2–3 reife (weiche) Aprikosen

Aprikosen mit heißem Wasser überbrühen, Haut abziehen und den Stein herauslösen. In einem Topf im eigenen Saft dünsten, dann pürieren.

Tipp:
Ab 13. Monat mit frisch gepresstem Orangensaft mischen, das fördert die Eisenaufnahme.

Geriebener Apfel

(roh ab 12. Monat)

Zutaten für 1 Babymahlzeit:
1/2 Apfel

Apfel schälen, vom Kerngehäuse befreien und auf einer Glasreibe reiben. Sofort verfüttern bzw. weiterverarbeiten.

Reis- und Getreidebrei für Winzlinge und Krabbler

Reisflockenbrei mit Bananenmus

(ab 6. Monat)

Zutaten für 1 Babymahlzeit:
100 ml Wasser,
2 EL Reisflocken (Reformhaus),
1/2 TL Butter,
1/2 Banane

Wasser aufkochen, abkühlen lassen, mit Reisflocken mischen, Butter unterrühren, Banane schälen, Enden abschneiden. Banane mit der Gabel zu feinem Mus zerdrücken. Unter die Reisflocken mischen.

Abwandlung:
Statt Bananenmus geriebenen Apfel unter die Reisflocken mischen.

Zwieback mit Apfelmus

(ab 7. Monat)

Zutaten für 1 Babymahlzeit:
ca. 1/2 Tasse Wasser,
2 Zwiebäcke, 1 Apfel

Wasser aufkochen, 5 Esslöffel davon auf den Zwieback gießen und diesen mit der Gabel zerdrücken. Apfel vierteln, vom Kerngehäuse befreien, schälen, in kleine Stücke schneiden, mit dem restlichen Wasser in einem Topf einige Minuten andünsten und pürieren. Apfelmus abkühlen lassen und mit dem zerdrückten Zwieback vermischen.

Abwandlung:
Statt Apfelstückchen Birnenmus oder zerdrückte Banane unter den Zwieback rühren.

Schmelzflockenbrei mit Birnenmus

(ab 7. Monat)

Zutaten für 1 Babymahlzeit:
200 ml Wasser,
40 g (ca. 4 EL) Hafer-Schmelzflocken,
1/2 geschälte Banane, 1 weiche Birne,
1 EL Speiseöl (oder, frühestens ab 10. Monat, 1 EL Sahne)

Wasser mit Schmelzflocken zum Kochen bringen und von der Kochstelle nehmen. Banane mit der Gabel zerdrücken. Birne vierteln, vom Kerngehäuse befreien, schälen, mit der Glasreibe zu Mus verarbeiten, mit den Schmelzflocken mischen und mit Öl oder (ab 10. Monat, bei Verträglichkeit) mit Sahne verfeinern.

Adaptierter (hypoallergener) Milch-Getreidebrei

(ab 8. Monat)

Zutaten für 1 Babymahlzeit (Flaschenkind):
150 ml Wasser, 3 EL Getreideflocken (Hafer, Weizen, Gerste, Reis, fein geschrotet),
hypoallergenes Säuglingsmilchpulver,
20 g Fruchtmus (Rezepte s. S. 34–35)

Wasser erhitzen, Getreideflocken in die heiße Flüssigkeit rühren, abkühlen lassen. Hypoallergenes Säuglingsmilchpulver (Menge nach Packungsanleitung) in die warme Flüssigkeit rühren und Fruchtmus unterheben.

Milchfreier Grießbrei

(ab 9. Monat)

Zutaten für 1 Babymahlzeit (Stillkind):
200 ml Wasser,
20 g (ca. 2 EL) Dinkelgrieß,
1 TL Butter,
2–4 EL Fruchtmus (Rezepte s. S. 34–35),
evtl. 1 Stück Banane

Wasser kochen, Topf von der Kochstelle nehmen, Grieß mit dem Schneebesen einrühren. 2–3 Minuten unter Rühren köcheln lassen, vom Herd nehmen und 10 Minuten quellen lassen. Butter unterrühren. Mit Fruchtmus mischen. Zum Süßen evtl. etwas zerdrückte Banane unterrühren.

Vollmilch-Getreidebrei

(ab 10. Monat)

Zutaten für 1 Babymahlzeit (Flaschenkind):
150 ml Milch, 20 g Getreideflocken (Hafer, Weizen, Gerste, Reis, fein geschrotet),
20 g Fruchtmus (Rezepte S. 34–35)

Milch erhitzen, Getreideflocken in die heiße Flüssigkeit rühren und Fruchtmus unterheben.

Grießbrei mit Vollmilch

(ab 10. Monat)

Zutaten für 1 Babymahlzeit (Flaschenkind):
200 ml Milch,
2–4 EL Dinkelgrieß,
1 TL Butter,
evtl. 1 Stück Banane

Milch erhitzen, Grieß mit dem Schneebesen einrühren, 2–3 Minuten unter Rühren köcheln lassen, vom Herd nehmen und 10 Minuten quellen lassen. Die Butter unterrühren. Zum Süßen evtl. etwas zerdrückte Banane unterrühren.

Vollkornreisbrei (süß)

(ab 12. Monat)

Zutaten für 1 Babymahlzeit:
50 g Naturreis, 180 ml Milch,
1 kl. Prise Salz,
1 TL Butter, 1 TL Honig

Reis mit Milch und Salz unter Rühren aufkochen lassen und bei leichter Hitze unter häufigem Rühren 30–40 Minuten kochen, bis der Reis weich ist. Von der Kochstelle nehmen und noch 10 Minuten nachquellen lassen. Butter und Honig unterrühren. Dazu: Fruchtmus (Apfel, Birne, Aprikose, Rezepte S. 34–35).

Vollkornreisbrei (würzig)

(ab 13. Monat)

Zutaten für 1 Babymahlzeit:
50 g Naturreis, 180 ml Gemüsebrühe (instant),
1 TL Butter, 1 EL Petersilie, gehackt, oder
1 EL Schnittlauch, gehackt,
Salz

Reis in einem Topf mit der Gemüsebrühe aufsetzen und aufkochen lassen. Bei schwacher Hitze ca. 30 Minuten leicht köcheln lassen. Von der Kochstelle nehmen und noch 10 Minuten nachquellen lassen. Butter und Kräuter untermischen. Evtl. mit Salz würzen.

Beruhigungstees, Heilnahrung, Diätrezepte

Babytee bei Blähungen
(bei Verträglichkeit ab 6. Monat)

Zutaten:
1/4 TL Fenchel- oder Anissamen (aus der Apotheke),
1/8 l Wasser

Fenchel- oder Anissamen zerstoßen, mit kochendem Wasser überbrühen und 8–10 Minuten ziehen lassen. Abseihen und dem Kind vor dem Essen zu trinken geben.

Durchfalltee
(ab 12. Monat, nach Absprache mit dem Kinderarzt!)

Zutaten:
1/2 TL Schwarztee (aus biologischem Anbau),
1/8 l Wasser, 1/2 TL Traubenzucker,
1 Prise Salz

Schwarzteeblättchen mit kochendem Wasser überbrühen, 2–4 Minuten ziehen lassen. Abseihen, Traubenzucker und Salz zufügen.

Beruhigungstee

(ab 12. Monat, nach Absprache mit dem Kinderarzt)

Zutaten:
1 TL Melisseblätter (aus der Apotheke),
1/2 TL Kamillenblüten (aus der Apotheke),
(bei Kindern, die homöopathisch behandelt werden,
Kamille weglassen!),
1/4 l Wasser

Kräuter mit kochendem Wasser überbrühen und 8–10 Minuten ziehen lassen. Abseihen, bei Bedarf mit heißem Wasser verdünnen.

Tipp:
Nach der Verabreichung von Kräutertees beim Baby verstärkt auf Unverträglichkeitsreaktionen achten!

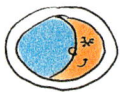

Heilnahrung bei Durchfall

Möhrenmus

(ab 6. Monat, nach Absprache mit dem Kinderarzt!)

Zutaten für 1 Babymahlzeit:
1–2 Frühmöhren (ca. 150 g), 1/2 Tasse (ca. 50 ml) Wasser

Möhren gründlich waschen (bei Bedarf Schale mit dem Küchenmesser abschaben) und in ca. 4 mm dicke Scheiben schneiden. Möhrenscheiben in einem Topf mit dem Wasser ca. 10 Minuten dünsten, bis das Gemüse weich ist. Dann mit dem Pürierstab fein pürieren.

Apfelsuppe

(ab 12. Monat, nach Absprache mit dem Kinderarzt!)

Zutaten für 1 Babymahlzeit:
100 g geriebener Apfel, 50 ml Wasser,
50 ml dünner schwarzer Tee (aus biologischem Anbau),
1 Prise Salz

Apfelmus mit Wasser und Tee zu einer Suppe vermischen, leicht salzen, erhitzen und lauwarm füttern.

Wichtig:
Bei Durchfall grundsätzlich Butter, Sahne und Speiseöl weglassen!

Papayamus

(ab 18. Monat, nach Absprache mit dem Kinderarzt!)

Zutaten für 1 Babymahlzeit:
50 g Papayafruchtfleisch

Papayafruchtfleisch in Stücke schneiden, mit dem Pürierstab fein pürieren oder mit der Gabel zerdrücken.

Heilnahrung bei Verstopfung

Apfelmus

(gedünstet ab 6. Monat, nach Absprache mit dem Kinderarzt!)

Zutaten für 1 Babymahlzeit:
1/2 Apfel,
50 ml Wasser

Apfel schälen, vierteln, Kerngehäuse entfernen und das Fruchtfleisch in kleine Stücke schneiden. In dem Wasser dünsten, pürieren oder mit der Gabel zerdrücken.

Pflaumenmus

(ab 12. Monat, nach Absprache mit dem Kinderarzt!)

Zutaten für 1 Babymahlzeit:
3–4 reife Pflaumen,
50 ml Wasser

Pflaumen waschen, entsteinen und das Fruchtfleisch in kleine Stücke schneiden. In dem Wasser dünsten, dann pürieren oder mit der Gabel zerdrücken.

Ananasmus

(ab 18. Monat, nach Absprache mit dem Kinderarzt!)

Zutaten für 1 Babymahlzeit:
1 Scheibe frische Ananas,
50 ml Wasser

Ananas schälen, in kleine Stücke schneiden, in dem Wasser dünsten, pürieren oder mit der Gabel zerdrücken.

Backpflaumenmus

(ab 2 Jahre, nach Absprache mit dem Kinderarzt!)

2–3 Backpflaumen, über Nacht in Wasser eingeweicht

Dem Kind die eingeweichten Backpflaumen morgens vor dem Frühstück geben. Es soll langsam und gründlich kauen und viel trinken, auch das Einweichwasser der Backpflaumen!

Tipp:
Ab 2 Jahren kann das Kind auch frische Feigen oder Datteln vor dem Frühstück essen. Bei Neigung zu Verstopfung dem Kind mehr Ballaststoffe (faserreiche Gemüse) und mehr Flüssigkeit zuführen!

Babys Feinschmeckermenüs

Blumenkohl mit Putenfleisch und Kartoffelbrei

(ab 11. Monat)

Zutaten für 1 Babymahlzeit:
ca. 150 g Blumenkohl,
50 g Putenfleisch,
1 TL Butter,
ca. 50 ml Wasser,
150 g Kartoffelbrei (Rezept S. 29)

Blumenkohl gründlich waschen, in sehr kleine Röschen pflücken. Putenfleisch in kleine Stücke schneiden. Blumenkohlröschen und Fleisch in Butter andünsten, Wasser zugeben, bei kleiner Hitze gar dünsten. Gemüse und Fleisch mit der Gabel zerdrücken oder pürieren und mit dem Kartoffelbrei mischen.

Schwarzwurzeln mit Kartoffeln

(ab 11. Monat)

Zutaten für 1 Babymahlzeit:
ca. 150 g Schwarzwurzeln,
1 TL Butter,
ca. 50 ml Wasser,
1 TL Petersilie, gehackt,
150 g Kartoffelbrei (Rezept S. 29)

Schwarzwurzeln gründlich waschen, unter fließendem Wasser schälen, quer in feine Scheiben schneiden, in Butter andünsten, Wasser zugeben, bei kleiner Hitze gar dünsten. Petersilie zufügen und kurz mitdünsten. Gemüse mit der Gabel zerdrücken und mit dem Kartoffelbrei mischen.

Vollkornnudeln mit Möhren und Rindfleisch
(ab 13. Monat)

Zutaten für 1 Babymahlzeit:
100 g Vollkornnudeln (z.B. Hörnle),
Salz, 50 g Rindfleisch
(Minutensteak oder Filet),
2 TL Butter,
ca. 100 g Möhren,
50 g Sellerie,
1 EL Öl,
50 ml Wasser,
1 TL Petersilie, gehackt

Vollkornnudeln in Salzwasser gar kochen, abgießen. Fleisch in 1 Teelöffel Butter kurz andünsten, klein schneiden. Möhren gründlich waschen (bei Bedarf Schale mit dem Küchenmesser abschaben) und in Scheiben schneiden. Sellerie schälen und in kleine Würfel schneiden. Gemüsescheiben in einem Topf zunächst in Öl, dann in wenig Wasser ca. 10 Minuten dünsten, bis das Gemüse weich ist. Restliche Butter und Petersilie unterrühren, mit Salz mild abschmecken, Gemüse mit der Gabel zerdrücken. Fleisch darunterheben.

Brokkoli-Nudeln

(ab 13. Monat)

Zutaten für 1 Babymahlzeit:
100 g Vollkornnudeln (z.B. Hörnle),
Salz, 150 g Brokkoli,
ca. 200 ml Wasser, 1 TL Sahne,
1 TL Zitronensaft,
1 Eigelb (hart gekocht)

Vollkornnudeln in Salzwasser nach Packungsanweisung kochen, abgießen. Brokkoli waschen, in kleine Röschen zerteilen. Wasser in einen Topf mit Siebeinsatz gießen, Brokkoliröschen in den Siebeinsatz geben. Wasser zum Kochen bringen und das Gemüse ca. 9 Minuten bei mittlerer Hitze dämpfen. Gemüse mit der Gabel zerdrücken, Sahne unterrühren, mit Salz und Zitronensaft abschmecken. Eigelb zerdrücken, unter die Nudeln mischen und mit dem Brokkoligemüse servieren.

Spinat mit Kartoffeln und Rührei

(ab 13. Monat)

Zutaten für 1 Babymahlzeit:
100 g Blattspinat,
1/2 Schalotte, fein gewürfelt,
2 TL Butter, Salz,
1 EL Sahne, 2 Eigelb,
150 g Kartoffelbrei (Rezept S. 29)

Spinat verlesen, gründlich waschen. Schalotte in 1 Teelöffel Butter andünsten, tropfnassen Spinat zufügen und 10 Minuten im eigenen Saft mitdünsten, mit der Gabel zerkleinern, mit Salz und Sahne abschmecken. Eigelbe in restlicher Butter leicht anbraten, mit dem Kartoffelbrei mischen und mit dem Spinat servieren.

Tipp:
Spinat aufgrund seines hohen Nitratgehaltes nicht aufwärmen!

Baby-Bratkartoffeln
(ab 13. Monat)

Zutaten für 1 Babymahlzeit:
1–2 gekochte und abgekühlte Pellkartoffeln,
Salz,
2 EL Butter

Kartoffeln schälen und auf der Kartoffelreibe raffeln. Leicht salzen. Butter in einer beschichteten Pfanne erhitzen, Kartoffelmasse zu flachen Puffern formen und auf beiden Seiten goldbraun braten.

Abwandlung:
Kartoffeln zur Abwechslung mit frischen Kräutern (Petersilie, Schnittlauch, Oregano) mischen.

Baby-Pfannkuchen
(ab 13. Monat)

Zutaten für 1 Erwachsenen und 1 Kind:
125 g Dinkelmehl,
80 ml Wasser,
2 Eier, 150 ml Milch,
Salz, Butter zum Ausbraten

Aus Dinkelmehl, Wasser, Eiern, Milch, Salz mit dem elektrischen Rührgerät einen dünnflüssigen Teig rühren. Teig kurz quellen lassen. Pro Pfannkuchen 1 Esslöffel Butter in einer beschichteten Pfanne erhitzen. Eine kleine Schöpfkelle Teig in die heiße Butter gießen, in der Pfanne verteilen, ausbacken, Pfannkuchen wenden und auf der anderen Seite ausbacken. Dazu: Blattspinat (Rezept S. 32) oder Fruchtmus (Rezepte S. 34–35).

Milchreis mit Apfel und Zimt
(ab 13. Monat)

Zutaten für 1 Babymahlzeit:
50 g Milchreis, kalt abgewaschen,
180 ml Milch, 1 EL brauner Zucker,
1/2 Apfel, 50 ml Wasser,
1/3 TL Zimt

Milchreis in die heiße Milch einrühren, Zucker zufügen, kurz aufkochen und 20–25 Minuten unter häufigem Rühren bei mittlerer Hitze quellen lassen. Apfel schälen, vom Kerngehäuse befreien, klein schneiden, in dem Wasser andünsten, mit Zimt bestreuen und unter den Reis heben.

Risotto mit Spargel
(ab 15. Monat)

Zutaten für 1 Babymahlzeit:
100 g grüner Spargel, 1 EL Butter,
1/2 Schalotte, fein gewürfelt,
50 g Milchreis, kalt abgewaschen,
1/4 l heiße Gemüsebrühe (instant),
1 TL Petersilie, gehackt, Salz

Spargelstangen schälen, quer halbieren, untere Hälften anderweitig verwenden. Die Spitzen quer in kleine Stücke schneiden und in der Butter andünsten. Herausnehmen, warm stellen. Im Bratenfett zuerst die Schalotte, dann den Reis andünsten, bis er glasig wird, bei Bedarf 1 Teelöffel Butter zufügen. Mit etwas heißer Gemüsebrühe ablöschen. Rühren, bis die Flüssigkeit vom Reis vollständig aufgenommen wurde, dann Brühe nachgießen, weiterrühren und so fort, bis alle Flüssigkeit verbraucht und der Reis gar ist. Petersilie und Spargelstücke unterheben, mit Salz mild abschmecken.

Leckeres mit Biss: ab 18 Monate

Gefüllte Kartoffeln
(ab 18. Monat)

Zutaten für 1 Kind:
1 große oder 2 mittelgroße Kartoffeln (fest kochend),
100 g Blattspinat, 1/2 Schalotte, fein gewürfelt,
1 EL Butter, Salz, Muskat,
2 EL Schafskäse in kleinen Würfeln,
Butter für die Form

Kartoffeln mit der Schale weich kochen, abgießen, pellen und aushöhlen, das Innere in kleine Stücke zerschneiden. Spinat verlesen, gründlich waschen. Schalotte in Butter andünsten, tropfnassen Spinat ca. 5–8 Minuten im eigenen Saft dünsten, mit Salz und Muskat abschmecken. Mit den Kartoffel- und Schafskäsestückchen mischen und in die ausgehöhlten Kartoffeln füllen. In eine kleine gefettete Auflaufform geben und bei 180 °C ca. 5 Minuten gratinieren.

Putenstreifen gebraten

(ab 18. Monat)

Zutaten für 1 Kind:
1/2 Putenschnitzel,
1 TL Butter oder 1 EL Olivenöl,
Salz

Putenschnitzel in Butter oder Olivenöl braten, mit Salz würzen und in kleine Würfel schneiden. Zu Gemüse oder Salaten servieren.

Hackfleischbällchen

(ab 18. Monat)

Zutaten für 1 Erwachsenen und 1 Kind:
250 g Hackfleisch vom Schwein,
2 kleine Schalotten, fein gewürfelt,
2 EL Semmelbrösel,
1 Eigelb,
Salz, Muskat,
1 TL gehackte Petersilie oder Majoran,
Butter zum Braten

Alle Zutaten außer der Butter mischen und zu einem Teig verkneten. Kleine Fleischbällchen formen und in der Butter von jeder Seite ca. 4 Minuten braten. Dazu passt als Beilage: Kartoffelsalat (Rezept S. 63), Kartoffelbrei (Rezept S. 29), Blattspinat (Rezept S. 32) oder Möhrenpüree (Rezept S. 28).

Käsespätzle mit Schalotten

(ab 18. Monat)

Zutaten für 1 Kind:
100 g Vollkornspätzle,
50 g Butterkäse in feinen Streifen,
2 Schalotten, fein gewürfelt,
1 TL Butter, Salz

Vollkornspätzle in Salzwasser nach Packungsanweisung kochen, abgießen. In die heißen Nudeln die Käsestreifen einrühren. Schalotten in Butter anbraten und über die Käsespätzle geben.

Nudeln mit Tomatensauce

(ab 18. Monat)

Zutaten für 1 Erwachsenen und 1 Kind:
200 g Vollkornnudeln, Salz,
3–4 reife Tomaten,
1 kleine Zwiebel, fein gehackt,
1 EL Butter, 1 EL gehackte Petersilie, 2 EL Crème fraîche

Nudeln nach Packungsanweisung in Salzwasser gar kochen. Tomaten überbrühen, enthäuten, entkernen, Fruchtfleisch in Würfel schneiden. Zwiebel in Butter andünsten, Tomatenwürfel dazugeben, gar dünsten. Petersilie unterrühren und mit Salz abschmecken. Kurz vor dem Servieren Crème fraîche unterrühren.

Schinkennudeln mit Ei
(ab 18. Monat)

Zutaten für 1 Erwachsenen und 1 Kind:
200 g Vollkornnudeln, Salz,
1 kleine Zwiebel, fein gehackt,
1 EL Butter, 1 Ei,
50 g gekochter Schinken in Streifen,
1 EL Schnittlauch in Röllchen,
4 EL Sahne

Nudeln nach Packungsanweisung in Salzwasser gar kochen, abgießen. Zwiebel in einer großen Pfanne in Butter glasig dünsten. Ei verrühren und zu den Zwiebeln geben. Nudeln, Schinkenstreifen, Schnittlauch und Sahne zufügen. Alles vermengen und mit Salz abschmecken.

Kartoffel-Tomaten-Gemüse

(ab 18. Monat)

Zutaten für 1 Kind:
100 g Kartoffeln,
Salz,
100 g Fleischtomaten,
1 TL Butter

Kartoffeln gründlich waschen und in wenig Salzwasser gar dünsten. In einem zweiten Topf Wasser zum Kochen bringen. Gewaschene Tomaten damit überbrühen, Haut abziehen, Fruchtfleisch klein schneiden. Weich gekochte Kartoffeln schälen, in Würfel schneiden, mit den Tomaten vermischen und die Butter unterrühren. Mit etwas Salz mild würzen.

Da haben wir den Salat!

Gurkensalat mit Joghurt und Dill

(ab 18. Monat)

Zutaten für 1 Erwachsenen und 1 Kind:
1 Gurke,
ca. 3 EL Obstessig,
ca. 4 EL Joghurt, 1 EL Sahne,
1/2 TL brauner Zucker, Salz,
1 TL Dill, fein gehackt

Gurke schälen, quer in 2 Millimeter dicke Scheiben schneiden. In einer Salatschüssel aus Obstessig, Joghurt, Sahne und Zucker eine Salatsauce anrühren, mit Salz mild abschmecken. Gurkenscheiben und Dill unterrühren.

Möhrensalat mit Apfel

(ab 18. Monat)

Zutaten für 1 Erwachsenen und 1 Kind:
2 Möhren, 1 Apfel,
ca. 3 EL Orangensaft,
1 TL Zitronensaft,
1 Prise Salz,
ca. 4 EL Joghurt, 1 EL Sahne

Möhren gründlich waschen (bei Bedarf Schale mit dem Küchenmesser abschaben) und grob raspeln. Apfel schälen, vierteln, vom Kerngehäuse befreien, zuerst in Scheiben, dann in Würfel schneiden. Aus Orangensaft, Zitronensaft, Salz, Joghurt und Sahne eine Salatsauce mischen und mit den Möhrenraspeln und Apfelstückchen mischen.

Feldsalat mit Apfel

(ab 2 Jahren)

Zutaten für 1 Erwachsenen und 1 Kind:
200 g Feldsalat, 1/2 Apfel,
1 Knoblauchzehe,
3 EL Zitronensaft, 3 EL Olivenöl,
Salz

Feldsalat verlesen, gründlich waschen, trockenschleudern. Apfel schälen, vierteln, vom Kerngehäuse befreien, zuerst in Scheiben, dann in Würfel schneiden. Knoblauchzehe durch die Presse drücken und in eine Salatschüssel geben. Zitronensaft und Olivenöl zufügen, mit Salz abschmecken, Apfel darunterrühren und mit dem Feldsalat mischen.

Feldsalat mit Ei

(ab 2 Jahren)

Zutaten für 1 Erwachsenen und 1 Kind:
200 g Feldsalat, 1 Eigelb, hart gekocht,
4 EL Zitronensaft,
1 Schalotte, fein gehackt,
4 EL Joghurt, 1 EL Olivenöl,
Salz, Pfeffer,
2 Eier, hart gekocht, gepellt und geviertelt

Feldsalat verlesen, gründlich waschen, trockenschleudern. Aus dem zerdrückten hartgekochten Eigelb, Zitronensaft, Schalotte, Joghurt, Olivenöl, Salz und Pfeffer eine Salatsauce anrühren, den Feldsalat damit mischen und mit den Eivierteln anrichten.

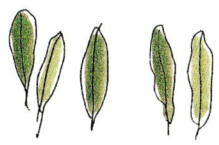

Eisbergsalat mit Käsecroûtons
(ab 2 Jahren)

Zutaten für 1 Erwachsenen und 1 Kind:
1/2 Eisbergsalat,
4 EL Weißweinessig,
1 TL Senf, mittelscharf,
4 EL Olivenöl,
Salz, Pfeffer,
1 Schalotte, fein gehackt,
1 EL Butter,
1 Scheibe Toastbrot, klein gewürfelt,
1–2 EL frisch geriebener Parmesan

Salat gründlich waschen, in mundgerechte Stücke teilen, trockenschleudern. Aus Essig, Senf, Olivenöl, Salz, Pfeffer und Schalotte eine Vinaigrette anrühren. In einer Pfanne Butter auslassen, Toastbrotwürfel darin anbraten und mit Parmesan bestreuen. Salat mit der Sauce mischen und die Käse-Brotwürfel vorsichtig unterheben.

Römersalat mit Dill und Fenchel
(ab 2 Jahren)

Zutaten für 1 Erwachsenen und 1 Kind:
1/2 Römersalat,
4 EL Weißweinessig,
1 TL Senf, mittelscharf,
4 EL Olivenöl, Salz, Pfeffer,
1 Schalotte, fein gehackt,
1/4 Fenchelknolle, in dünne Scheiben geschnitten,
1 TL Dill, gehackt

Salat gründlich waschen, in mundgerechte Stücke teilen, trockenschleudern. Aus Essig, Senf, Öl, Salz, Pfeffer und Schalotte eine Vinaigrette anrühren. Fenchel und Dill unterheben und mit dem Salat mischen.

Schneller Gurkensalat
(ab 2 Jahren)

Zutaten für 1 Erwachsenen und 1 Kind:
1 Gurke,
2–3 Frühlingszwiebeln,
4–5 EL Weißweinessig,
4–5 EL Olivenöl,
Salz, Pfeffer

Gurke schälen, quer in 2 Millimeter dicke Scheiben schneiden. Frühlingszwiebeln waschen, putzen, in Röllchen schneiden. In einer Salatschüssel Essig, Öl, Salz und Pfeffer anrühren, mit Gurke und Frühlingszwiebel mischen. Evtl. noch einmal abschmecken.

Tomatensalat

(ab 2 Jahren)

Zutaten für 1 Erwachsenen und 1 Kind:
4 Tomaten,
2–3 EL Weißweinessig, 4 EL Olivenöl,
Salz, Pfeffer, 1 kleine Zwiebel, fein gehackt

Tomaten waschen, halbieren, vom Stielansatz befreien, in Scheiben schneiden. Aus Essig, Öl, Salz und Pfeffer eine Vinaigrette rühren und mit Zwiebelwürfeln und Tomatenscheiben mischen.

Abwandlung:
Gehackte Kräuter wie Schnittlauch, Petersilie oder Basilikum untermischen.

Mozzarella-Salat
(ab 2 Jahren)

Zutaten für 1 Erwachsenen und 1 Kind:
2 Tomaten, 1 Mozzarella-Käse,
Salz, Pfeffer, 1 EL Balsamico-Essig, 1 EL Olivenöl,
1 EL Basilikum, gehackt

Tomaten waschen, halbieren, vom Stielansatz befreien und vierteln. Mozzarella in Würfel schneiden und zusammen mit den Tomaten auf einer Platte anrichten, salzen, pfeffern. Balsamico-Essig und Olivenöl darüberträufeln. Mit Basilikum bestreuen.

Kartoffelsalat
(ab 18. Monat)

Zutaten für 2 Erwachsene und 1 Kind:
750 g Kartoffeln (fest kochend),
1 Zwiebel, fein gewürfelt,
150 ml Gemüsebrühe (instant),
2–3 EL Obstessig, 4 EL Öl, Salz, Pfeffer,
1 Bund Schnittlauch in Röllchen

Kartoffeln in der Schale weich kochen, abgießen. Abkühlen lassen, pellen und in dünne Scheiben schneiden. Zwiebelwürfel mit heißer Brühe übergießen, mit Essig, Öl, Salz, Pfeffer abschmecken und mit den Kartoffeln mischen. Schnittlauchröllchen darüberstreuen.

Abwandlung:
Statt Schnittlauch dünne Gurkenscheiben oder feine Endivienstreifen unter den Kartoffelsalat mischen.

Nudelsalat

(ab 2 Jahren)

Zutaten für 2 Erwachsene und 2 Kinder:
250 g Nudeln (z.B. Hörnchen- oder Muschelnudeln),
Salz, 1 Salatgurke,
2 gelbe Paprikaschoten,
1 Becher Joghurt,
5 EL Obstessig, 2 EL Öl,
Pfeffer,
1 weiße oder rote Zwiebel, fein gehackt,
1 EL Petersilie, gehackt

Nudeln in Salzwasser kochen, abgießen. Gurke schälen und zuerst in Scheiben, dann in kleine Würfel schneiden. Paprikaschoten waschen, putzen, würfeln. Aus Joghurt, Obstessig, Öl, Salz und Pfeffer eine Salatsauce bereiten. Gemüse, Nudeln und Zwiebeln darunterheben. Mit fein gehackter Petersilie bestreuen.

Ab 2 Jahren: Lecker-Schmecker-Hosenbäcker!

Gurkenschiffchen mit Kartoffelpüree

(ab 2 Jahren)

Zutaten für 2 Erwachsene und 1 Kind:
6 mittelgroße Kartoffeln (mehlig kochend),
4 EL Milch (bei Bedarf auch mehr),
1 EL Butter, Butter für die Form,
1 EL Petersilie, Salz, Muskat, 2 Salatgurken

Kartoffeln schälen, in kleine Stücke schneiden. Kartoffelstücke in wenig Wasser garen, Milch und Butter zufügen, mit der Gabel zu einem Brei zerdrücken und Petersilie unterrühren. Mit Salz und Muskat würzen. Backofen auf 180 °C vorheizen, Auflaufform mit Butter einfetten. Gurken schälen, jeweils quer in 3 Teile schneiden, diese halbieren, entkernen, leicht salzen. Kartoffelbrei esslöffelweise in die Gurken füllen, Gurken in die Auflaufform setzen und im Ofen bei 180 °C 5–10 Minuten gratinieren.

Gurkenschiffchen mit Selleriepüree

(ab 2 Jahren)

Zutaten für 2 Erwachsene und 1 Kind:
3 Kartoffeln (mehlig kochend),
1/2 Sellerieknolle, Salz,
4 EL Milch, 1 EL Butter,
wenig Pfeffer,
Butter für die Form,
2 Salatgurken,
100 g Emmentaler, gerieben

Kartoffeln schälen, in kleine Stücke schneiden. Sellerie schälen und in Stücke schneiden. Sellerie- und Kartoffelstücke in wenig Salzwasser garen, abgießen. Milch und Butter zufügen und mit der Gabel zu einem Brei zerdrücken. Mit Salz und Pfeffer würzen. Backofen auf 180 °C vorheizen, Auflaufform mit Butter einfetten. Gurken schälen, jeweils quer in 3 Teile schneiden, diese längs halbieren, entkernen, leicht salzen. Kartoffel-Sellerie-Brei esslöffelweise in die Gurken füllen, Gurken in die Auflaufform setzen, mit Käse bestreuen und im Ofen 5–10 Minuten gratinieren.

Abwandlung:
Die gefüllten Gurken statt mit Emmentaler mit Mozzarellastückchen belegen und dann gratinieren.

Gefüllter Fenchel
(ab 2 Jahren)

Zutaten für 2 Erwachsene und 1 Kind:
3 Fenchelknollen,
1 EL Zitronensaft,
6 Kartoffeln (mehlig kochend),
1 EL Butter,
4 EL Milch (bei Bedarf auch mehr),
1 EL Dill, fein gehackt, Salz,
Butter für die Form,
1 Mozzarella-Käse, in Scheiben geschnitten

Fenchel waschen, putzen, Grün entfernen. Fenchel im Ganzen in Salzwasser mit Zitronensaft 10 Minuten garen. Fenchel aushöhlen und das Innere klein schneiden. Kartoffeln waschen, kochen, pellen, mit der Gabel zerdrücken. Butter, Milch und Dill zufügen, leicht salzen und zu einem Püree verrühren. Backofen auf 180 °C vorheizen, Auflaufform mit Butter einfetten. Fenchelstücke unter das Kartoffelpüree mischen und in die ausgehöhlten Fenchelknollen füllen, mit Mozzarellascheiben belegen, in die Auflaufform setzen und im Ofen 10 Minuten gratinieren.

Tipp:
Schmeckt noch besser, macht das Essen aber etwas weniger gesund: Statt Dill kleine Bacon- oder Magerspeckstücke ausbraten und unter den Kartoffelbrei mischen.

Gefüllte Zucchini

(ab 2 Jahren)

Zutaten für 1 Erwachsenen und 1 Kind:
2–3 Zucchini,
150 g Hackfleisch vom Schwein,
1 Eigelb,
1 Schalotte, fein gewürfelt,
Salz, Pfeffer, Muskat,
1–2 Stängel Petersilie, fein gehackt,
1 EL Semmelbrösel,
Butter für die Form,
1/4 l Gemüsebrühe (instant),
Parmesan, frisch gerieben

Zucchini waschen, Enden abschneiden, der Länge nach halbieren, mit einem Teelöffel von den weichen Kernen befreien, klein schneiden. Mit Hackfleisch, Eigelb, gehackter Schalotte, Gewürzen, Petersilie und Semmelbröseln zu einem Teig kneten und in die Zucchinihälften füllen. Backofen auf 180 °C vorheizen, ofenfeste Auflaufform mit Butter einfetten, Zucchinihälften hineinsetzen, Brühe angießen. Im Ofen ca. 30 Minuten gratinieren. Überbackene Zucchini vor dem Servieren mit geriebenem Parmesan bestreuen. Dazu: Vollkornreis.

Kartoffel-Gemüse-Pfanne mit Curry

(ab 2 Jahren)

Zutaten für 2 Erwachsene und 2 Kinder:
8 Kartoffeln (fest kochend, ca. 750 g),
1 rote Paprikaschote, 1 Zucchini,
3 Tomaten, 50 g Zuckerschoten,
1 Zwiebel, fein gehackt,
2 Knoblauchzehen, fein gewürfelt,
1 EL Butter,
1/4 l Gemüsebrühe,
1–2 TL mildes Currypulver, Salz, Pfeffer

Kartoffeln in der Schale weich kochen, abgießen. Abkühlen lassen, pellen und in mundgerechte Stücke schneiden. Paprikaschote waschen, halbieren, von Stielansatz, Kernen und weißen Häuten befreien, in feine Streifen schneiden. Zucchini waschen, halbieren, quer in dünne Scheiben schneiden. Tomaten waschen, vierteln, vom Stielansatz befreien und in Stücke schneiden. Zuckerschoten waschen, Enden abschneiden. Zuerst die Zwiebel, dann auch den Knoblauch in Butter andünsten, Paprika, Zucchini und Zuckerschoten nacheinander zufügen und mitdünsten. Gekochte Kartoffeln mitbraten, Gemüsebrühe angießen, Curry zufügen. Zum Schluss Tomaten zugeben, mitdünsten und alles mit Salz, Pfeffer und Curry abschmecken.

Grünkernbratlinge

(ab 2 Jahren)

Zutaten für 1 Erwachsenen und 1 Kind:
150 g Grünkernschrot,
300 ml Wasser,
1 Zwiebel, fein gewürfelt,
2 Stängel Petersilie, fein gehackt,
1 Ei, 1 Knoblauchzehe, fein gehackt,
Salz, Pfeffer, Muskat,
1–2 TL Semmelbrösel,
2 EL Öl

Grünkernschrot in Wasser geben, aufkochen und ca. 30 Minuten bei schwacher Hitze kochen. 10 Minuten nachquellen lassen. Abkühlen lassen, mit Zwiebel, Petersilie, Ei, Knoblauch, Gewürzen und Semmelbröseln zu einem Teig verarbeiten. Aus dem Teig Bällchen formen, flach drücken und bei mittlerer Hitze in einer beschichteten Pfanne mit Öl ausbraten.

Abwandlung:
Gemüseburger! Halbierte Vollkornbrötchen mit Salatblättern, dünnen Tomaten- und Gurkenscheiben sowie den Grünkernbratlingen belegen.

Tofuschnitzel

(ab 2 Jahren)

Zutaten für 1 Erwachsenen und 1 Kind:
1 Ei, 250 g Tofu,
2 EL Mehl, 2 EL Semmelbrösel, 1 EL Öl

Ei gut verquirlen. Den Tofu abtropfen lassen, in Scheiben schneiden und in Mehl wenden. Tofuscheiben durch das verquirlte Ei ziehen und in den Semmelbröseln wenden. Tofuschnitzel in einer beschichteten Pfanne in Öl braun braten. Dazu: gedünstetes Gemüse nach Wahl.

Brokkoli asiatisch

(ab 2 Jahren)

Zutaten für 2 Erwachsene und 1 Kind:
100 g Tofu, 1 Knoblauchzehe, fein gewürfelt,
2 EL Öl, 250 g Brokkoli in Röschen,
1 Frühlingszwiebel in Röllchen,
50 g Austernpilze, geputzt,
1 Stück Ingwer (ca. 4 cm), geschält und fein gewürfelt,
Pfeffer, 1 TL Zucker,
1 EL Sojasauce, 1/4 l Gemüsebrühe, 50 g Mandelstifte

Tofu abtropfen lassen und in Würfel schneiden. In einem Wok oder einer Pfanne mit hohem Rand zunächst Knoblauch in Öl andünsten. Dann nacheinander Brokkoliröschen, Frühlingszwiebel, Tofu, Pilze kurz (jeweils ca. 2 Minuten) in dem Öl braten. Mit Ingwer, Pfeffer, Zucker und Sojasauce würzen und nochmals ca. 5 Minuten dünsten. Gemüsebrühe zugießen und kurz aufkochen. Mandeln unterheben. Dazu: Reis.

Bohnen-Kartoffel-Eintopf
(ab 2 Jahren)

Zutaten für 2 Erwachsene und 1 Kind:
500 g grüne Bohnen, 5 kleine Kartoffeln,
6 Tomaten, 1 Zwiebel, fein gehackt,
2 EL Olivenöl, 2 Knoblauchzehen, fein gehackt,
1–1,5 l Gemüse- oder Hühnerbrühe (instant),
1 Bund frisches Bohnenkraut, gehackt,
Salz, Pfeffer

Bohnen waschen, putzen, in ca. 3 Zentimeter lange Stücke schneiden. Kartoffeln schälen, waschen, in Würfel schneiden. Tomaten waschen, Stielansatz herausschneiden, vierteln. Zwiebel in Öl anbraten, Knoblauch zufügen, mitbraten, mit Brühe ablöschen. Bohnen zufügen ca. 5 Minuten kochen, Kartoffeln zufügen, und in ca. 25 Minuten gar kochen. Hitze reduzieren, Bohnenkraut und Tomaten zufügen, in der heißen Brühe einige Minuten ziehen lassen, mit Salz und Pfeffer abschmecken.

Linseneintopf
(ab 2 Jahren)

Zutaten für 2 Erwachsene und 1 Kind:
1 Zwiebel, fein gehackt,
2 EL Olivenöl, 1/2 l Gemüsebrühe (instant),
8 EL kleine grüne Linsen (ca. 80 g),
1 Bund Suppengrün, gewaschen, klein geschnitten,
3 mittelgroße Kartoffeln, geschält, gewürfel,
Salz, Pfeffer,
1/2 Bund Petersilie, gewaschen, gehackt

Zwiebel in Olivenöl anbraten, mit Gemüsebrühe ablöschen. Linsen zufügen und in der Brühe aufkochen. Suppengrün und Kartoffeln in die Brühe geben, ca. 20 Minuten garen. Mit Salz und Pfeffer abschmecken und mit Petersilie bestreuen.

Putenschnitzel mit Kräutersauce
(ab 2 Jahren)

Zutaten für 1 Erwachsenen und 1 Kind:
1 Putenschnitzel,
Salz, Pfeffer, 1 TL mittelscharfer Senf,
1 EL Butter, 1 Schalotte, fein gehackt,
1/4 l Gemüsebrühe (instant),
1/2 Bund Basilikum, gehackt,
1/2 Bund glatte Petersilie, gehackt,
1/2 Becher Crème fraîche

Putenschnitzel waschen, trockentupfen, salzen, pfeffern und mit Senf bestreichen. In Butter auf beiden Seiten anbraten, herausnehmen, warm stellen. Schalotte im Bratensatz andünsten, mit Brühe ablöschen, aufkochen, Hitze zurücknehmen, Kräuter hinzufügen, ziehen lassen, Crème fraîche unterrühren und mit Salz und Pfeffer abschmecken. Fleisch mit der Sauce servieren.

Tipp:
Mit einem Schuss Weißwein zur Brühe schmeckt's noch besser, falls Mama und Papa mal für sich alleine kochen!

Salbeischnitzel mit Apfel

(ab 2 Jahren)

Zutaten für 2 Erwachsene und 1 Kind:
2 Putenschnitzel,
Salz, Pfeffer, 4 Blättchen frischer Salbei,
1 1/2 EL Butterschmalz,
1 Apfel, 1 Knoblauchzehe, fein gehackt,
1 Schalotte, fein gewürfelt,
1/8 l Hühnerbrühe (instant),
1/8 l Apfelsaft (für Erwachsene allein: Cidre oder Weißwein)

Putenschnitzel waschen, mit Küchenkrepp trockentupfen, salzen, pfeffern, mit Salbeiblättchen belegen, in 1 Esslöffel Butterschmalz von beiden Seiten ca. 5 Minuten anbraten, herausnehmen, warm stellen. Apfel halbieren, vierteln, vom Kerngehäuse befreien, in Scheiben schneiden. Knoblauch und Schalotte im Bratensatz in restlichem Butterschmalz andünsten, Apfel zugeben, kurz mitdünsten, mit Hühnerbrühe und Apfelsaft ablöschen, einkochen und abschmecken. Dazu: gedämpfter Brokkoli.

Hühnerbrust mit Paprika-Tomaten-Gemüse und Reis

(ab 2 Jahren)

Zutaten für 1 Erwachsenen und 1 Kind:
250 g Vollkornreis, Salz, 1 Hühnerbrustfilet,
1 rote Paprikaschote, 1 gelbe Paprikaschote,
2 Fleischtomaten,
1 Zwiebel, fein gewürfelt,
1 Knoblauchzehe, fein gehackt,
1 EL Öl, 1/8 l Hühnerbrühe (instant),
edelsüßes Paprikapulver,
1 EL Crème fraîche,
1 EL gehackte Petersilie

Vollkornreis in Salzwasser gar kochen. Hühnerfleisch waschen, trockentupfen, in Würfel schneiden. Paprikaschoten gründlich waschen, halbieren, Stielansatz und Kerne entfernen, Fruchtfleisch zuerst längs in Streifen, dann in Würfel schneiden. Tomaten waschen, Stielansatz herausschneiden, überbrühen, Haut abziehen, vierteln. Zwiebel und Knoblauch in feine Würfel schneiden. Hühnerfleisch in Öl leicht anbraten, Zwiebel und Knoblauch hinzufügen, weiterbraten, mit Hühnerbrühe aufgießen. Paprika hinzufügen und ca. 10–15 Minuten garen, Tomaten zufügen, einige Minuten weitergaren, mit Gewürzen und Crème fraîche abschmecken, nicht mehr aufkochen. Kurz vor Ende der Garzeit Petersilie hinzufügen.

Zitronenhähnchen mit Möhren

(ab 2 Jahren)

Zutaten für 1 Erwachsenen und 1 Kind:
100 ml Orangensaft, 4 EL Zitronensaft,
1 Knoblauchzehe, fein gehackt,
2 Zweige Estragon,
Salz, Pfeffer,
2 Hähnchenbrustfilets,
250 g Möhren, 1 Frühlingszwiebel, 1 EL Butter,
3 EL Gemüsebrühe, 2 TL Zucker, 1 EL Olivenöl

Aus Orangensaft, Zitronensaft, Knoblauch, Estragon, Salz und Pfeffer eine Marinade rühren. Fleisch waschen, trockentupfen und 10 Minuten darin marinieren. In der Zwischenzeit Möhren schälen, in feine Scheiben schneiden, Frühlingszwiebel waschen, putzen, in Ringe schneiden. Möhren in Butter andünsten, Frühlingszwiebel zufügen, mitdünsten, Gemüsebrühe zugeben, mit Zucker abschmecken. Fleisch im Öl von beiden Seiten anbraten, Möhrengemüse dazu servieren. Dazu: Reis.

Seelachsfilet mit Zucchini
(ab 2 Jahren)

Zutaten für 2 Erwachsene und 1 Kind:
2 Seelachsfilets,
4 EL Zitronensaft,
2 Zucchini,
100 g Champignons,
1 rote Zwiebel, fein gewürfelt,
2 Knoblauchzehen, fein gehackt,
1 EL Olivenöl,
1/2 TL Kräuter der Provence,
Salz, weißer Pfeffer,
Butter zum Braten

Fischfilets waschen, trockentupfen, mit 2 Esslöffeln Zitronensaft beträufeln. Zucchini waschen und Enden abschneiden. Zucchini der Länge nach halbieren, quer in dünne Scheiben schneiden. Champignons mit Küchenkrepp abreiben, in Scheiben schneiden und mit etwas Zitronensaft beträufeln. Zwiebel und Knoblauch in Olivenöl andünsten, zuerst Zucchini, dann Champignons mitdünsten, mit Kräutern, Salz und Pfeffer würzen. Fischfilets von beiden Seiten in Butter braten, mit dem Gemüse servieren.

Scholle mit Zuckerschoten
(ab 2 Jahren)

Zutaten für 2 Erwachsene und 1 Kind:
400 g Zuckerschoten,
1 EL Butter, 1 Knoblauchzehe,
1/4 Becher Schlagsahne,
2 küchenfertige Schollen,
1–2 EL Zitronensaft,
Salz, weißer Pfeffer,
2 EL Mehl, 1 EL Butterschmalz,
1/2 Bund Basilikum, gehackt

Zuckerschoten abspülen, an den Enden knapp abschneiden, in wenig Butter andünsten, bei Bedarf etwas Wasser zufügen. Knoblauch abziehen, durch die Presse drücken und in der Sahne kochen. Schollen waschen, trockentupfen, mit Zitronensaft beträufeln, salzen, pfeffern, in Mehl wenden, in heißem Schmalz bei mittlerer Hitze von jeder Seite wenige Minuten braten. Knoblauchsahne zu den Zuckerschoten gießen, Basilikum untermischen und mit Salz, Pfeffer und Zitronensaft würzen. Gemüse mit der Scholle servieren.

Früüühstück gibt's!

Müsli

(ab 12. Monat)

Zutaten für 1 Kind:
3 EL Haferflocken,
60 ml Milch,
1/2 Apfel, 1/2 Banane

Haferflocken über Nacht in etwas Wasser quellen lassen. Milch unter dem eingeweichten Haferflockenbrei rühren. Apfel schälen, Kerngehäuse entfernen, Fruchtfleisch auf der Glasreibe reiben und unter den Brei rühren. Banane schälen, Endstücke entfernen, Rest in Scheiben schneiden und unterheben.

Fruchtjoghurt

(ab 18. Monat)

Zutaten für 2 Erwachsene und 1 Kind:
200 g süßes Obst nach Wahl (z.B. Bananen, Erdbeeren, Kirschen),
3 Becher Naturjoghurt (je 150 g),
1 Päckchen Vanillezucker,
100 ml Sahne

Obst waschen, bei Bedarf schälen und entkernen, in kleine Stückchen schneiden. Joghurt in eine Schüssel geben, mit Vanillezucker und Sahne verrühren und die Obststückchen unterheben. In Portionsschälchen füllen und mit einer dekorativen Frucht garnieren.

Frischer Obstteller

(ab 2 Jahren)

Zutaten für 2 Erwachsene und 1 Kind:
2 Bananen, 1 Apfel, 1 Birne,
3 Aprikosen (oder entsprechende Menge Erdbeeren, Kirschen,
Zwetschgen, Weintrauben, Mandarinen etc.),
3 EL Mandelstifte

Bananen schälen, Enden abschneiden. Restliches Obst waschen, entkernen. Alles klein schneiden, dekorativ auf drei Desserttellern anrichten und mit Mandelstiften bestreuen.

Armer Ritter

(ab 2 Jahren)

Zutaten für 1 Erwachsenen und 1 Kind:
1 Ei, 1 Päckchen Vanillezucker,
1/8 l Milch, 3 Scheiben Vollkorntoast,
5 EL Semmelbrösel,
1 TL Butter

In einem Suppenteller Ei, Vanillezucker und Milch zu einem dünnflüssigen Teig verrühren, Toast zuerst darin, dann in Semmelbröseln wenden. In einer beschichteten Pfanne Butter erhitzen und den Toast auf beiden Seiten braten. Dazu: Apfelmus.

Käsetoast

(ab 2 Jahren)

Zutaten für 1 Erwachsenen und 1 Kind:
2 Scheiben Vollkorntoast,
Butter oder Frischkäse,
4 Tomatenscheiben,
1 TL Schnittlauch, in Röllchen geschnitten,
4 Scheiben junger Gouda (ca. 60 g)

Brot toasten, mit Butter oder Frischkäse bestreichen, diagonal durchschneiden. Auf jedes Brotdreieck zuerst eine mit Schnittlauch bestreute Tomatenscheibe, dann eine Käsescheibe legen. Im Backofen überbacken, bis der Käse geschmolzen ist.

Rührei mit Tomaten

(ab 2 Jahren)

Zutaten für 2 Erwachsene und 1 Kind:
3 Tomaten, 1 EL Butter oder Öl,
1 Schalotte, fein gehackt, 3 Eier,
1 EL Petersilie (oder Basilikum), fein gehackt,
Salz, Paprika

Tomaten waschen, vierteln, Stielansatz herausschneiden. In einer beschichteten Pfanne Butter oder Öl erhitzen und Schalotte darin anschwitzen, verquirlte Eier zugeben und unter Rühren stocken lassen. Tomatenstücke und Kräuter zugeben, kurz mit erhitzen und mit den Gewürzen abschmecken.

Gesunde Brotaufstriche

Frühstücksquark
(ab 18. Monat)

Zutaten für 1 Erwachsenen und 1 Kind:
200 g Magerquark, 8 EL Sahne,
2 TL Schnittlauch, fein gehackt,
1 TL Petersilie, fein gehackt, Salz

Magerquark mit Sahne cremig rühren, die Kräuter untermischen und mild mit Salz abschmecken.

Tipp:
Passt auch gut zu Pellkartoffeln.

Bananenquarkcreme
(ab 18. Monat)

Zutaten für 1 Erwachsenen und 1 Kind:
1 Banane, 2 TL Zitronensaft,
200 g Magerquark, 8 EL Sahne,
Evtl. Honig

Banane schälen, Enden abschneiden, mit einer Gabel zerdrücken und Zitronensaft darüberträufeln. Magerquark mit Sahne cremig rühren, mit dem Bananenmus vermischen. Bei Bedarf mit Honig süßen.

Pfannkuchenschlacht!

Pfannkuchen (Grundrezept)

(ab 2 Jahren)

Zutaten für ca. 3 Pfannkuchen:
100 g Mehl,
1 Prise Salz,
2 Eier,
300 ml Milch,
2 EL Öl

Mehl, Salz, Eier und Milch in einer Backschüssel zu einem Teig verrühren, 20 Minuten quellen lassen. Öl in einer beschichteten Pfanne erhitzen, 1/2 Suppenkelle voll Teig eingießen, Pfanne schräg halten, hin und her schwenken und den Teig gleichmäßig verteilen. Teig auf der unteren Seite goldbraun werden lassen, Pfannkuchen wenden und andere Seite ausbacken. Mit dem restlichen Teig ebenso verfahren

Käsefüllung

(ab 2 Jahren)

Zutaten pro Pfannkuchen:
1 große Scheibe junger Gouda,
Schnittlauch, in Röllchen geschnitten

Heißen Pfannkuchen noch in der Pfanne mit Käse belegen, mit Schnittlauch bestreuen, einrollen und noch kurz warm halten, bis der Käse anfängt zu schmelzen.

Pilzfüllung
(ab 2 Jahren)

Zutaten für ca. 3 Pfannkuchen:
100 g Champignons,
150 g Austernpilze,
1 Schalotte, fein gewürfelt,
1 Knoblauchzehe, fein gehackt,
1 EL Butter,
50 ml Sahne,
1 EL gehackte Petersilie,
Salz, Pfeffer

Pilze mit Küchenkrepp abreiben, evtl. Huthaut abziehen, in Scheiben schneiden. Schalotte und Knoblauchzehe in Butter andünsten. Pilze zufügen. Sahne und Petersilie dazugeben und die Sauce einkochen lassen. Mit Salz und Pfeffer würzen. Etwas Pilzfüllung auf dem Pfannkuchen verteilen, zusammenrollen.

Rhabarberfüllung
(ab 2 Jahren)

Zutaten für ca. 3 Pfannkuchen:
300 g Rhabarber, 5 EL Wasser,
2–3 frische Aprikosen (ersatzweise Erdbeeren),
Vanillezucker

Rhabarber putzen und waschen, in kleine Stücke schneiden und 5 Minuten in Wasser dünsten. Aprikosen zufügen und das Mus mit Vanillezucker abschmecken. Pfannkuchen mit der Füllung bestreichen und zusammenrollen.

Pfannkuchen mit Apfelmus

(ab 2 Jahren)

Pfannkuchen nach Grundrezept (S. 83) zubereiten. Dazu Apfelmus reichen (Rezept S. 34).

Pfannkuchen mit Zimtäpfeln

(ab 2 Jahren)

Zutaten für 2 Erwachsene und 1 Kind:
1 Pfannkuchen-Grundrezept (S. 83),
1–2 mürbe Äpfel, geschält, in dünne Spalten geschnitten,
3 EL Zucker,
1 TL Zimt

Pfannkuchenteig nach Rezept zubereiten. Je 1/2 Suppenkelle davon in die Pfanne gießen, Apfelspalten darauf verteilen, eindrücken, backen, dann umdrehen und die Apfelseite backen. Mit Zucker-Zimt-Mischung bestreuen.

Buchweizenpfannkuchen

(ab 2 Jahren)

Zutaten für 2 Erwachsene und 1 Kind:
250 g Buchweizenmehl,
1/2 l Buttermilch,
3 EL Öl,
1 TL Salz,
Butter zum Backen

Die angegebenen Zutaten bis auf die Butter mit dem elektrischen Rührgerät verrühren und 1/2 Stunde quellen lassen. In heißer Butter portionsweise zu Pfannkuchen ausbraten.

Crêpes
(ab 2 Jahren)

Zutaten für 4–6 Crêpes:
100 g Mehl, 1 EL Zucker,
3 Eier, 300 ml Milch,
75 g zerlassene Butter,
Butter zum Einfetten

Gesiebtes Mehl, Zucker, Eier und etwas Milch mit dem Rührgerät nach und nach zu einem Teig verrühren. Zerlassene Butter einrühren und restliche Milch untermischen. Zugedeckt 30 Minuten ruhen lassen. Etwas Butter in einer beschichteten Pfanne zerlassen, Teig portionsweise dünn einfüllen und bei mittlerer Temperatur ausbacken.

Crêpes mit Erdbeermus
(ab 2 Jahren)

Zutaten für 2 Erwachsene und 2 Kinder:
1 Crêpes-Grundrezept (s. oben),
250 g Erdbeeren, 1 Päckchen Vanillezucker,

Crêpes nach Rezept zubereiten. Erdbeeren waschen, trockentupfen, mit Vanillezucker mischen, pürieren und dünn auf den fertigen Crêpes verteilen. Dazu: 1 Löffelchen süße Sahne.

Nudeln mit Sauce

Spätzle mit zucchini-Tomaten-Gemüse
(ab 2 Jahren)

Zutaten für 2 Erwachsene und 1 Kind:
250 g Spätzle, Salz,
2 kleine Zucchini (ca. 300 g), 2 Fleischtomaten,
1 Zwiebel, fein gewürfelt,
1 TL Butter, 1/8 l Gemüsebrühe (instant),
edelsüßes Paprikapulver,
1/2 Becher Crème fraîche

Spätzle in Salzwasser bissfest garen, abgießen. Zucchini gründlich waschen, von Stiel- und Blütenansätzen befreien, halbieren und in ca. 5 Millimeter dicke Scheiben schneiden. Tomaten waschen, überbrühen, Haut abziehen, entkernen und Stielansatz entfernen, Fruchtfleisch in Würfel schneiden. Zwiebel in Butter andünsten, mit Gemüsebrühe aufgießen, Zucchini ca. 5–8 Minuten garen, Tomaten zufügen, einige Minuten weitergaren, mit Gewürzen abschmecken, Crème fraîche einrühren. Nicht mehr aufkochen. Spätzle auf Teller geben, Zucchini-Tomaten-Gemüse darauf verteilen.

Nudeln mit Erbsen-Champignon-Rahmsauce

(ab 2 Jahren)

Zutaten für 2 Erwachsene und 1 Kind:
250 g Nudeln (z.B. Hörnle), Salz,
150 g Champignons,
1 TL Butter,
2 Schalotten, fein gewürfelt,
150 g Erbsen (frisch gepult),
1/8 l Gemüsebrühe,
80 ml Sahne,
Pfeffer, Muskatnuss,
30 g Parmesan, gerieben,
2 EL Petersilie, gehackt

Nudeln in Salzwasser bissfest kochen, abgießen, abtropfen lassen. Champignons mit Küchenkrepp abreiben, evtl. Huthaut abziehen, in feine Scheiben schneiden. Butter in einem Topf zum Schmelzen bringen, Schalotten andünsten. Erbsen dazugeben, mitdünsten, Brühe und Sahne angießen und 5 Minuten bei mittlerer Hitze köcheln lassen. Sauce salzen, leicht pfeffern, mit Muskat abschmecken. Pilze zufügen und ca. 3 Minuten mitköcheln. Parmesan unterheben. Nudeln auf Teller verteilen, mit Sauce übergießen und mit Petersilie dekorieren.

Bandnudeln mit Tomaten-Hackfleisch-Sauce
(ab 2 Jahren)

Zutaten für 1 Erwachsenen und 1 Kind:
250 g Bandnudeln, Salz, 250 g Hackfleisch,
2 EL Olivenöl, 1 Zwiebel, fein gehackt,
1 Knoblauchzehe, fein gehackt,
1 Dose Tomaten, passiert (300 ml),
Pfeffer, frischer Oregano, Parmesan, gerieben

Nudeln in Salzwasser bissfest kochen, abgießen. Hackfleisch in heißem Öl anbraten, Zwiebeln und Knoblauch zufügen, mitbraten. Mit Dosentomaten ablöschen, mit Salz, Pfeffer und Oregano würzen. Frisch geriebenen Parmesan zur Sauce reichen.

Nudeln mit Schinken und Ei
(ab 2 Jahren)

Zutaten für 1 Erwachsenen und 1 Kind:
250 g Nudeln, Salz, 100 g gekochter Schinken,
1 Schalotte, fein gewürfelt,
2 EL Butter, 1 Ei, 1 EL Milch,
1 EL Schnittlauchröllchen

Nudeln in Salzwasser bissfest kochen, abgießen. Schinken in Streifen schneiden. Schalotte und Schinken mit der Butter in einer beschichteten Pfanne anbraten. Nudeln zufügen und mitbraten. Ei mit Milch verquirlen, unter die Nudeln mengen und leicht stocken lassen. Mit Schnittlauchröllchen bestreuen. Dazu: Tomatensalat (Rezept S. 62).

Nudeln mit Blumenkohl-Käsesauce

(ab 2 Jahren)

Zutaten für 1 Erwachsenen und 1 Kind:
250 g Nudeln, Salz,
1/2 Blumenkohl, in Röschen,
1 Schalotte, fein gehackt,
1 EL Butter, 1–2 EL Mehl, 1/8 l Milch,
1/8 l Gemüsebrühe,
50 g junger Gouda (grob geraffelt),
1 EL Crème fraîche,
Muskat,
6 Stängel glatte Petersilie, gehackt

Nudeln in Salzwasser bissfest kochen, abgießen. Blumenkohl gründlich waschen, Strunk entfernen, in kleine Röschen zerteilen, im Dampfkochtopf dämpfen oder in wenig Salzwasser gar dünsten. Inzwischen Schalotte in Butter glasig dünsten. Mehl zufügen und unter Rühren eindicken lassen, Milch und Brühe nach und nach unter Rühren zugießen, aufkochen lassen. Käse in die kochende Sauce streuen, Crème fraîche zugeben und mit Salz und Muskat abschmecken. Gehackte Petersilie vor dem Servieren unterrühren. Blumenkohl und Nudeln mischen, Sauce darauf verteilen.

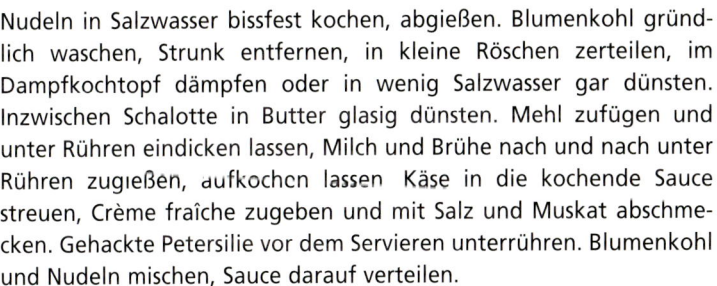

Nudeln mit Fenchel und Tomaten
(ab 2 Jahren)

Zutaten für 2 Erwachsene und 1 Kind:
2 Fenchelknollen (etwa 400 g), Salz,
500 g grüne Nudeln,
300 g kleine Tomaten,
60 g Butter,
120 g Parmesan, gerieben

Fenchelknollen putzen, Grün abschneiden, waschen, vierteln und in Salzwasser etwa 10–12 Minuten garen, herausnehmen, warm stellen. Die Kochflüssigkeit mit reichlich Wasser auffüllen, aufkochen lassen, Nudeln hineingeben, bissfest garen, abgießen und abtropfen lassen. Tomaten mit kochendem Wasser überbrühen, häuten, vierteln und Stielansatz herausschneiden. Butter in einem Topf schmelzen und die Tomaten darin kurz andünsten. Fenchel und Nudeln zufügen, vorsichtig durchmischen, mit geriebenem Parmesan bestreuen.

Tipp:
Fenchelgerichte dürfen wegen ihres relativ hohen Nitratgehalts nicht aufgewärmt werden.

Nudeln mit Lachs-Sahnesauce
(ab 2 Jahren)

Zutaten für 1 Erwachsenen und 1 Kind:
250 g Nudeln oder Spätzle, Salz,
250 g Lachsfilet ohne Haut,
Pfeffer, Saft von 1/2 Zitrone,
2 EL Butter,
2 Schalotten, fein gewürfelt,
1 Knoblauchzehe, fein gehackt,
1/4 l Gemüsebrühe oder Fischfond (instant),
1/2 Becher Crème fraîche,
1 Bund Dill, fein gehackt

Nudeln oder Spätzle in Salzwasser bissfest kochen, abgießen und abtropfen lassen. Lachsfilet waschen, mit Küchenkrepp trocknen, salzen, pfeffern und mit etwas Zitronensaft beträufeln. In 1 Esslöffel Butter von beiden Seiten anbraten, in kleine Stücke zerteilen. In einem zweiten Topf Schalotten und Knoblauch in der restlichen Butter andünsten, mit Brühe oder Fond ablöschen, einkochen, durchseihen und mit Zitronensaft abschmecken. Sud zum Lachs geben, Crème fraîche unterrühren, nicht mehr aufkochen. Mit Zitronensaft und Gewürzen abschmecken, gehackten Dill unterrühren. Nudeln mit der Sauce servieren.

Tipp:
Ein Sud aus Weißwein und Brühe (1:1) schmeckt noch besser, falls man mal nur für Erwachsene kocht!

Nudeln mit schneller Tomatensauce

(ab 2 Jahren)

Zutaten für 1 Erwachsenen und 1 Kind:
250 g Vollkorn- oder Sojanudeln, Salz,
1 kleine Zwiebel, fein gewürfelt,
1 Knoblauchzehe, fein gehackt,
1 EL Olivenöl,
300 ml passierte Tomaten,
Salz, frisches Basilikum oder Oregano,
Parmesan, gerieben, nach Bedarf

Nudeln nach Packungsanweisung kochen, abgießen. Zwiebel und Knoblauch in Olivenöl anbraten, Tomaten zufügen, mit Salz und klein geschnittenen Basilikumblättern oder Oregano würzen. Sauce auf den Nudeln verteilen und mit Parmesan bestreuen.

Nudeln mit schneller Pilzsauce

(ab 2 Jahren)

Zutaten für 2 Erwachsene und 1 Kind:
250 g Vollkornnudeln, Salz,
3 Schalotten, fein gewürfelt, 1 EL Butter,
1 Packung Tiefkühlpilze (ca. 400 g),
1 Becher saure Sahne oder Crème fraîche,
1/2 Bund glatte Petersilie, frisch gehackt,
Pfeffer

Nudeln in Salzwasser bissfest kochen, abgießen. Schalotten in Butter andünsten. Pilze zufügen, bei mittlerer Hitze 10 Minuten garen. Saure

Sahne oder Crème fraîche und Petersilie zufügen, mit Salz und Pfeffer abschmecken. Sauce zu den Nudeln reichen.

Tipp:
Wenn Baconwürfel mit den Schalotten gebraten werden, schmeckt die Sauce noch besser, wird aber etwas weniger gesund.

Nudeln mit schneller Spinatsauce
(ab 2 Jahren)

Zutaten für 2 Erwachsene und 1 Kind:
250 g Soja- oder Dinkelspaghetti, Salz,
3 Schalotten, fein gewürfelt,
1 EL Butter,
1 Packung Tiefkühlrahmspinat (ca. 400 g), aufgetaut,
1/8 l Gemüsebrühe (instant), 200 ml Sahne,
Pfeffer, Muskat

Spaghetti nach Packungsanweisung kochen, abgießen. Schalotten in Butter andünsten, Spinat zufügen, mitdünsten, Gemüsebrühe und Sahne zufügen, bei mittlerer Hitze köcheln lassen, pürieren, mit Salz, Pfeffer und Muskat abschmecken und zu den Nudeln servieren.

Tipp:
Spinat wegen des hohen Nitratgehalts nicht aufwärmen.

Die Informationen, Ratschläge und Rezepte in diesem Buch wurden von Autoren und Verlag sorgfältig und nach bestem Wissen und Gewissen zusammengestellt und überprüft.
Dennoch kann keine Garantie übernommen werden.
Eine Haftung der Autoren, des Verlages oder seiner Beauftragten für Personen-, Sach- und Vermögensschäden ist ausgeschlossen.

Überarbeitete Neuausgabe des 2001 ebenfalls im Verlag W. Hölker erschienenen Titels: „1, 2, 3, fertig ist der Brei. Papa kocht fürs Kind (von 6–24 Monaten)"

5 4 3 2 1
ISBN 978-3-88117-786-3

Layout: Christiane Leesker
Redaktion: Christiane Leesker
© 2008 Verlag W. Hölker GmbH, Münster
Alle Rechte vorbehalten, auch auszugsweise.
Printed in China
www.hoelker-verlag.de